物流的魅力

主　编　陈　光　李珊珊
副主编　韩昀瑾　段满珍

中国财富出版社有限公司

图书在版编目（CIP）数据

物流的魅力／陈光，李珊珊主编．—北京：中国财富出版社有限公司，2022.3
ISBN 978-7-5047-7673-0

Ⅰ.①物… Ⅱ.①陈… ②李… Ⅲ.①物流-高等学校-教材 Ⅳ.①F252

中国版本图书馆 CIP 数据核字（2022）第 043421 号

策划编辑	黄正丽	**责任编辑**	白 昕 于名珏	**版权编辑**	李 洋
责任印制	尚立业	**责任校对**	张营营	**责任发行**	敬 东

出版发行 中国财富出版社有限公司
社　　址 北京市丰台区南四环西路 188 号 5 区 20 楼　　**邮政编码** 100070
电　　话 010-52227588 转 2098（发行部）　010-52227588 转 321（总编室）
　　　　　010-52227566（24 小时读者服务）　010-52227588 转 305（质检部）
网　　址 http：//www.cfpress.com.cn　　**排　　版** 宝蕾元
经　　销 新华书店　　**印　　刷** 北京九州迅驰传媒文化有限公司
书　　号 ISBN 978-7-5047-7673-0/F·3410
开　　本 787mm×1092mm 1/16　　**版　　次** 2022 年 7 月第 1 版
印　　张 10.25　　**印　　次** 2022 年 7 月第 1 次印刷
字　　数 201 千字　　**定　　价** 32.00 元

前　言

本书是在华北理工大学教学与教材建设委员会下设的五育（德智体美劳）建设专门委员会的整体谋划、设计、指导下完成的美育教育类教材，旨在将美育教育全面融入专业人才培养体系，弘扬社会主义核心价值观和中华优秀传统文化，引领学生树立正确的审美观念、陶冶高尚的道德情操、塑造美好的心灵。本书对专业知识中蕴含的价值与美进行了充分解读与揭示，使学生在学习专业知识的过程中理解美、体验美、传递美、创造美，打造学生热爱和投身专业的精神骨骼，以美润德、以美激智、以美健体、以美益劳。

当代中国青年要锤炼品德修为，不断修身立德，自觉树立和践行社会主义核心价值观，自觉用中华优秀传统文化、革命文化、社会主义先进文化培根铸魂、启智润心，从英雄人物和时代楷模的身上感受道德风范，加强道德修养，开展道德实践，明辨是非曲直，增强自我定力，矢志追求更有高度、更有境界、更有品位的人生。

美育教育的目的：立德树人、培养德智体美劳全面发展的社会主义建设者和接班人，科技强国、培养适应时代发展的高素质创新型人才。美育教育是实现中华民族伟大复兴的前提。同时，美育教育也产生影响力、感召力、塑造力，是形成国家民族文化自觉的主战场、主阵地、主渠道。

本书在新文科建设的背景下，结合物流工程、物流管理、交通运输相关专业的实际情况，讲述中国物流人的励志故事，呈现中国物流业日新月异的变化，展示新技术、新装备、新材料给物流业带来的深刻变革。本书对物流从业者、物流业变化、电子商务（简称电商）、物流设备、物流企业、包装、条码以及道路等方面的知识进行讲解，增强学生对物流专业的认同感，使学生知物流、懂物流、爱物流。

本书共分为八章，四位编者陈光、李珊珊、韩昀瑾、段满珍均为华北理工大学教师，其中第一、二、五、六、八章由陈光编写，第三章由李珊珊编写，第四章由韩昀瑾编写，第七章由段满珍编写。

本书为河北省教改课题“面向‘十四五’新工科背景下物流工程专业人才

培养模式的探索与实践”（项目号：2020GJJG160）、华北理工大学重点教改课题“‘前置仓进校园’模式的校企合作实训基地建设探索”（项目号：ZJ2030）以及华北理工大学教改课题“物流之美课程及教材建设”（项目号：L20107）的研究成果。

由于水平有限，定有不当与错误之处，恳请读者给予批评指正。

编　者

目 录

第一章　物流从业者的魅力

物流业是融合运输业、仓储业、货代业和信息业等的复合型服务产业，是国民经济的重要组成部分。物流业涉及领域广，吸纳就业人数多，促进生产、拉动消费作用大，在促进产业结构调整、转变经济发展方式和增强国民经济竞争力等方面发挥着重要作用。

劳动密集是物流业的显著特征，高速发展的物流业需要数以万计的物流人兢兢业业、风雨无阻地付出和劳作。截至 2019 年年末，我国物流相关从业人员达到 5191 万人，其中既包括物流相关行业法人单位的从业人员和从事物流活动的个体工商户的从业人员，又包括工业、批发和零售业等行业法人单位的物流从业人员。该测算数据比 2016 年增长 3.6%，年均增长 0.9%。物流从业者在从事物流活动过程中充分发挥主观能动性，重组并优化物流要素，这是实现物流功能，达到低成本、高质量满足物流需求目标的重要力量。

我国物流业一路走来，从最初的人工物流一直发展到了今天的机械化物流、自动化物流乃至智慧物流，这是无数物流人呕心沥血、艰苦奋斗取得的成果，体现了千千万万物流人脚踏实地、苦干实干的精神。因为有这些坚守梦想的物流人，物流业的未来一定会更美好。

第一节　物流业及物流岗位

物流业是根据实际需要，将运输、储存、装卸、搬运、包装、流通加工、配送、信息处理等有机结合的活动的集合。

一、物流业的主要岗位

物流操作层从业人员直接从事的物流工作：装卸、搬运、包装、运输、配送等。物流管理层从业人员主要从事的物流工作：采购管理、销售管理、物流规划与设计、物流策划与咨询、供应链管理、物流教育等。

2020 年 3 月，中华人民共和国人力资源和社会保障部与国家市场监督管理总局、国家统计局联合向社会发布了 16 个新职业，“网约配送员”和“供应链管理师”正式成为新职业，纳入国家职业分类目录。据不完全统计，2019 年我国网约配送员从业规模已经达到百万级。根据相关预测，未来网约配送员将成为新就业形态劳动者的构成主体，此外，我国供应链行业相关人才缺口大概有 430 万人。

物流业的具体岗位有很多，根据工作内容、技术特点、劳动强度、薪资报酬等，可大致分为操作层、中级管理层和高级管理层三类岗位，这三类岗位分别包括的主要工作岗位列举如下。

（一）操作层

操作层的主要工作岗位：物流销售代表、采购员、物流仓库管理员、供应链业务员、物流业务员、物流监督员、物流运作员、物流车管员、网约配送员、物流设施操作员、物流信息员、物流协调员、物流运营单证员、物流外事客服、物流跟单员、国际货运代理员、物流报关员、集装箱管理员、理货员、分拣员、叉车工、司机等。

（二）中级管理层

中级管理层的主要工作岗位：物流主管、生产物流管理工程师、车辆调度主管、物流运营经理、供应链管理师、供应链计划专员、ERP（企业资源管理）实施顾问、物流培训师、物流软件工程师等。

（三）高级管理层

高级管理层的主要工作岗位：物流数据分析师、高级物流策划师、高级行政管理人员、物流总监、运营总监等。

目前，我国物流人才的主要特点：一方面，操作层的物流人才相对饱和；另一方面，懂技术、懂管理，能将理论与实践有效结合运用的高层次、复合型管理层人才严重短缺。

二、物流岗位的职责

（一）部分操作层岗位的职责

操作层岗位基层员工属于物流作业一线操作人员，这类人员主要从事具体的操作性事务，偏重体力劳动，如物流仓库管理员、装卸搬运员、客服等。这类岗位对于学历与经验、知识与技能的要求都相对较低。

1. 物流业务员

物流业务员是指在第三方物流公司内部，负责联系客户、掌握客户基本信息、了解客户基本需求的岗位。例如，在以集装箱运输的国际多式联运等外贸物流中，物流业务员的主要职责：采用电话的方式，告知各个客户船期和运价；为客户提供专业的海运门到门服务；维护客户关系，主动挖掘客户需求，解决客户异议，完成销售任务；收集市场信息，为发展提供建议；根据市场情况，制定销售方案等。公司的业绩往往与物流业务员的能力有直接关系。在快递行业，网约配送员通常也是物流业务员，他们在收派件的同时也开发业务、拓展业务渠道。物流相关行业类似的岗位有很多，这类岗位的工作人员需要具有较强的沟通能力和吃苦耐劳的精神。这类岗位的工作人员工作一定时间后会积累大量的实践经验，上升通道一般是专员—主管—经理—总监。

2. 物流监督员

物流监督员是指专门负责监督物流环节的运行，并处理异常事件的岗位。例如，一般第三方物流公司的物流监督员的主要职责：运用现代监控手段，分析车辆运行的实时传输画面；依靠车辆定位装置、车辆运行监控装置等，监控营运车辆的所处位置、运行速度以及车身状态；关注司机生理和心理状态等。如果车辆运行状态异常或司机出现疲劳驾驶表现，要及时进行处理，避免事故发生。这个岗位的上升通道一般是专员—主管—经理—总监。

3. 物流运作员

该岗位一般负责保证整个物流流程的工作质量。例如，处理客户托寄物品的破损、遗失等问题。在一般的物流中心，物流运作员还要负责货物的搬运、装卸、分拣、堆垛，把货物的破损率、遗失率控制在一定的范围内。物流运作员一般要在物流现场进行实际操作，付出的体力劳动较多。

4. 物流车管员

对于第三方物流公司而言，物流车管员是必备的岗位之一。这个岗位设立的主要目的是管理公司的自营车辆和外包车辆。通常，第三方物流公司的车辆会分为自营和外包两种。物流车管员主要负责车辆调度、任务指派、司机运费结算等，此外，还负责车辆的日常维修和成本分析等工作。

5. 物流仓库管理员

这种岗位对于仓储物流企业而言，其主要职责：熟悉储存产品的名称、性质；仓库的日常管理；出入库台账登记、出入库产品检验；库存盘点、库存分析以及库位管理等。一般的物流仓库中，储存产品的种类会有几万种甚至数十万种，其状态有在途、库中、已被支领等，要做到每一种产品的账上数量与实物数量一致是一项艰辛的工作。此外，物流仓库管理员还要注意在货物摆放时，相邻库位的货物在品质、性状、储存要求等方面不能发生冲突，如化工产品与食品不能相邻摆放、潮湿类物品与干燥类物品要隔开等。合理的库存量和极低的货损，会极大地提高企业的运营效率并降低企业的成本。

（二）部分中级管理层岗位的职责

处于中级管理层岗位的员工属于中层物流管理人员，这类人员主要负责物流企业具体事务的计划与组织工作，并对物流运作环节中的某一个部门进行管理。

1. 物流主管

物流主管一般负责设计并搭建第三方物流公司的国内外运营节点和网络，负责管理公司的物流成本和物流效率，利用各种运营数据和科学的预测方法，对运营过程进行分析和推演，对公司未来的物流网络形态进行合理的规划。该岗位一般要求具有五年以上的从业经验。

2. 物流运营经理

物流运营经理一般负责指挥物流企业的管理工作，负责物流各环节的大小事务，包括制订物流计划、安排物流工作等，使企业的生产和销售活动能够正常运行。

3. 物流软件工程师

物流软件工程师可细分为物流软件设计人员、物流软件架构人员、物流软件管理人员等一系列岗位，其工作内容都与软件开发相关。物流软件工程师除了需要掌握最基础的编程语言和数据库技术外，关于网络工程和软件测试的其他前沿技术也要有所了解。

（三）部分高级管理层岗位的职责

1. 物流总监

物流总监属于高层物流管理人员，主要负责企业整体战略目标的制定，统筹管理物流各环节，起着主持大局的关键作用。物流总监是物流企业的带头人，不仅要制定长期、中期、短期物流战略，完成大型物流中心的规划设计及内部资源整合，还要对企业物流、供应链运作模式及物流配送网络进行规划和设计，开发新的物流产品和服务。其具体工作内容包括推动策划方案的落地、处理运营期间出现的异常及突发状况、提出优化的需求、反馈市场投放结果等。该岗位在一些物流企业里是物流主管的上级，一般要求至少具有八年的从业经验。

2. 高级物流策划师

高级物流策划师的主要职责：配合相关的部门经理制定营销活动的宣传策略并关注落地执行情况，打造客户满意的创意方案；结合业务分析和市场洞察，完成日常营销活动的创意构思、全案策划、落地执行等；沉淀出对市场和行业有影响力的营销案例。高级物流策划师属于高层物流管理人员。

在物流企业中，一线操作人员只需要了解简单的物流理论，能够进行物流业务操作活动；中层物流管理人员需要深入了解物流管理的相关知识，具有协调物流各环节运作的能力；高层物流管理人员不仅需要掌握丰富的专业知识，还要具备综合运用各种专业知识处理物流业务的能力。

第二节　物流从业者应具备的基本素质

物流业是一个诱人的新兴产业，不仅加速了社会经济的发展，还促进了人们生活质量的提高，而且就业的潜力巨大，拥有着广阔的前景。但是，在实际的岗位招聘和人员录用工作中，真正能被录用的求职者数量有限，能度过试用期的求职者数量则更少。一方面是大量物流一线岗位虚席以待，另一方面是成千上万的求职者积极应聘，但就业率并不高。

究其原因，部分物流企业人力资源经理们认为，广大求职者和试用期员工对物流一线岗位的实际操作情形缺乏了解和认识，一些不切合实际的想法过多，期望值过高，对未来的工作缺少足够的心理准备和承受能力，这归根结底是就业观念问题。因此，要想在物流业求得一职、发展成才，其关键是要了解物流业态，具备基本素质，经得起考验。

作为一名合格的物流从业者，除了应具备物流业的基本知识外，还应具备的基本素质主要有以下七点。

一、具有良好品格

物流从业者的良好品格，是指在为人处世上所表现出来的思想品德等方面的特征。首先，物流从业者应具有高尚的情操、高度的政治觉悟，忠诚于企业，切实维护企业的形象和利益。其次，物流从业者的诚信代表了企业的诚信，对客户要以诚为先、以信为本。最后，物流从业者要热爱自己的工作岗位，并在工作岗位上尽职尽责，充分体现应有的敬业精神，为企业创造价值。

二、掌握实践经验

物流业对实践操作能力要求较高，大部分中高层物流管理人员一般在操作层岗位上都要有至少三年的工作经验。物流一线作业促进物流从业者快速成长，物流从业者必须从基层做起。基础夯实了，才有开阔的思路、创新的举措，才能显示出过人的才华，创造出骄人的业绩，一步一个脚印地迈入坦途。

三、接受环境挑战

物流一线作业涉及的内容一般包括原材料和产品的储存、装卸、包装、运输、配送等。由于受到场地成本、人力成本、交通便利性等因素影响，物流作业现场大多在城市边缘的车站、机场、港口附近，少有现代都市的繁华，库房大多比较简陋，不少是露天堆场。以京东的自营仓储中心为例，其华北地区的几个重要的物流节点分别设置在北京市、天津市、河北省保定市等地，地理位置远离城市中心，物流作业现场环境较为艰苦。

简陋的条件和艰苦的环境是横在求职者面前的一道沟壑。物流一线岗位的工作人员就要战胜自我、面对现实，勇敢地接受环境挑战，克服困难、脚踏实地，经受住艰苦环境的考验，从基层做起。

四、防范作业风险

物流一线作业要面对客户、货主委托运输的有价值的商品，其中部分商品的价值较高。此外，物流作业现场偶然因素多，极易出现商品变质、溢缺、破损等问题，这可能会给物流企业带来巨大的经济和信誉损失。因此，物流一线作业的要求：熟悉商品，严格遵守操作规则；坚守岗位，精力集中，尽心尽责；杜绝各类差错和事故的发生。

五、保证职业安全

物流一线作业要依靠装卸设备，在作业过程中，可能发生机械设备侧翻、倒塌或碰撞而引起的火灾事故，轻则致人伤残，重则致人死亡。作为一线操作人员，既不能人人自危、临场胆怯，也不能掉以轻心、盲目乱干，应心中时刻想着安全，处处小心防范，严格遵守各项规章制度或操作规范，避免各类事故的发生，保证人身安全。

六、学会一专多能

目前，熟悉物流业务流程、掌握各种物流设备使用方法的复合型物流人才受到很多物流企业的青睐。例如，在跨境物流领域，工作人员既要了解进出口的业务流程，又要熟悉报关、报检、报验等实际操作，还要掌握上下游企业的需求信息。

同样，在一般的第三方物流公司，作为一名中高层物流管理人员要掌握采购管理、库房管理、运输管理、客户管理等一系列的业务流程知识，只有达到一专多能，才能胜任更高级别的岗位，才能更好地对企业进行管理。

七、能够吃苦耐劳

目前，国际竞争国内化、国内竞争国际化的趋势越来越明显，市场需求日益朝着多品种、少批次、周期短、流速快的方向发展，客户对物流服务的要求也趋向于高质量、快节奏。从这一意义上讲，速度就是优势。因此，许多物流一线的理货员既是收货员，又是发货员，同时还是统计员，而对物流设备的使用要做到“人停机不停”，有时加班、倒班是物流从业者的“家常便饭”。具有吃苦耐劳的精神，是物流从业者必须具备的基本素质。

现代物流业是一个兼有知识密集、技术密集、资本密集和劳动密集特点的外向型和增值型的服务行业，其涉及的领域十分广阔。在物流产业链上，商流、信息流、资金流贯穿其中，物流管理和运营工作需要掌握各种知识和技术的物流从业者。企业需要具有物流技术和管理知识的复合型物流人才，他可以同时胜任多个岗位，能够对所执行作业进行全程、全方位的监控、优化和提升，能够随着企业的发展而快速成长。

第三节　物流从业者的魅力

如今，物流已经紧密地融入日常生活中，每一份订单、每一件包裹都是由物流从业者团结协作、紧密配合来完成的。

2020 年 11 月 21 日上午，物流业抗疫公益宣传片《疫路逆行 · 铭记 2020》在第十八届中国物流企业家年会开幕式上首播。该片真实呈现了 2020 年年初新冠肺炎疫情暴发之后，物流业和物流从业者为抗疫做出的迅速响应和突出贡献，一幕幕感人至深的画面直击人心，令现场观众无不动容、眼眶湿润，被业内人士誉为展现物流人勇于担当、凸显物流业社会价值的音像史料。

如片中所言：哪有什么从天而降的英雄，都是挺身而出的凡人；心怀恐惧，他们选择逆行；遭受冲击，他们主动请战。正是物流从业者在抗疫中的逆行之举，以实际行动诠释了勇气的内涵。我们要从他们的身影中找到物流从业者的魅力，找到中国物流精神！

一、一线操作人员的魅力

（一）快递员的魅力

快递员是近年涌现出来的新职业，也是网约配送员的一种。快递员常年风里来雨里去，奔走在大街小巷，穿梭于车水马龙，勤勤恳恳、任劳任怨。对快递员的赞许和推崇，其实就是对“劳动创造幸福生活”的赞许和推崇，擦亮了“劳动最光荣、劳动最崇高、劳动最伟大、劳动最美丽”的价值底色。

某快递公司快递员小李从2013年起开始从事快递配送工作，负责将快件准确无误地送到客户手中。他每天6时30分起床，骑上电动三轮车，7时赶到快递公司的分拣车间，领取配送区域内的快件。领完快件，他马上就要投入紧张的配送环节，每次的配送量在150件以上，每半天完成1个配送周转，到了节假日，配送量更大，每天要完成3~4个配送周转。

到达配送地点时，他先要打电话联系客户，在客户支付货款、验证快件后，他又匆匆赶往下一个配送地点。傍晚，万家灯火时，他才拖着疲惫的身子，匆匆往家赶。寒来暑往、风雨无阻，他对客户彬彬有礼，不管自己付出再多，都尽量使客户满意。每次遇到行动不便的老人，即使没有电梯，他都主动将快件搬运上楼，临走时还帮忙把家中的垃圾带走。

每天，有近1000万名像小李这样的快递员，穿梭在城市的大街小巷，恪守着快递员的职业道德，在为市民带来便利的同时，也成为城市一道亮丽的风景。

劳动最光荣，奋斗最幸福。对快递员的礼赞，折射出社会对劳动和奋斗的格外崇尚。老舍先生曾经说过：不劳动，连棵花也养不活。脱离劳动，奢望一夜暴富，或者靠歪门邪道等捷径来致富，到头来只会是竹篮打水一场空。五彩斑斓的世界靠劳动来创造，一切美好的生活靠奋斗来获得。无论是体力劳动还是脑力劳动，都值得尊重和鼓励。

劳动者最美，奋斗者最幸福。工作无贵贱，行业无尊卑。新中国成立以来，千千万万普通劳动者积极投身社会主义建设，辛勤劳动、诚实劳动、创造性劳动，助力整个国家创造出改天换地、彪炳史册的发展奇迹。普通劳动者是社会财富的创造者，是社会生活中缺不了、少不得、离不开的群体。

对快递员的青睐，反映出社会的进步和文明的提升。有社会学家说过，一个社会对待基层群体的态度就是这个社会的文明程度。在社会主义大家庭里，没有高低贵贱之分，每个人都享有人格尊严，对每个职业选择都应该报以平等相待的目光。如今中国特色社会主义进入新时代，普通劳动者获得了越来越多的国家赞誉和社会尊重。

2019年元旦前夕，习近平主席在新年贺词中为快递员深情点赞。2019年春节前夕，习近平主席在北京看望慰问基层干部群众时，他特意来到快递服务点，看望仍在工作中的快递员。在庆祝新中国成立70周年群众游行中，快递员的身影出现在“美好生活”方阵，成为中国发展画卷中的一道亮丽风景。

新时代的劳动者是伟大的追梦者。心怀梦想的人，都值得大家肃然起敬。有梦想的人多了，国家就有力量，社会就会进步，梦想就能照亮祖国的天空。全社会都崇尚劳动、崇尚奋斗，汇聚起来的逐梦力量就将奔腾不息，社会前进的步伐就会更加铿锵有力。

（二）物流仓库管理员的魅力

物流仓库管理员是通过对仓库物品进行管理，从而发挥好仓库功能的工作人员。岗位职责：按规定做好物资设备进出库的验收、记账和发放工作，做到账账相符；随时掌握库存状态，保证物资设备及时供应，充分发挥周转效率；定期对库房进行清理，保持库房的整齐美观，使物资设备分类排列、整齐存放、数量准确。

物流仓库管理员每天要面对数万件货物，每种货物的状态不同，此外，对同一种货物的称呼也不一致，有的称呼其俗称，有的称呼其学名，这就要求物流仓库管理员必须熟悉仓库内每一种货物的规格型号、外形特征等。可以说，物流仓库管理员的工作纷繁复杂且枯燥乏味，但是在这个岗位上却有成千上万的物流仓库管理员在无私地奉献着自己的热情。

某手机仓库的日常管理工作：制表登记，分类建账；不同型号单独码放；入库须签认，出库有凭据；缺货及时申报，每月按时盘库；设计工作表格，建立相应制度。随着该公司的客户越来越多，客户的需求量逐渐增大，公司产品的供求率日趋下降，不仅到货次数逐渐频繁，而且到货量也随之增多。

该公司每次的到货量都在 2 万台左右。当货物到达仓库时，要进行入库质检、生成库位等一系列工作；将数量录入系统后，更为紧张的摆货上架工作就开始了。此时库房里的数名物流仓库管理员要全部上阵，不辞辛苦地在库房中跑上跑下。由于货物运输工作一般在上午进行，所以货物到库时间一般是在中午，在炎热的夏天，物流仓库管理员搬着沉重的货物，没多大一会，全身就被汗水浸透。但是为了尽快完成入库，没有一个人喊苦喊累，没有一个人要求休息，大家都是使尽浑身力气，抓紧时间干活！如果太热太渴了，转身喝口水，就又立即卸货，耐心肯干的他们，默默无闻地干着自己的工作！

仓库的工作辛苦，众人皆知。不仅是体力的消耗，还要时刻注意安全。由于仓库存放的是手机，每一台都价值不菲，所以看管好货物，保证手机的安全、仓库的安全，是物流仓库管理员的责任，这一点他们都深深印在自己的心中，从他们的一言一行都可以看出他们的谨慎认真。仓库必须防火、防盗、防潮，为了保证仓库的安全，仓库区域内禁止吸烟。他们每天上班第一件事就是为仓库通风，保持室内干燥、避免货物受潮。他们平时经常检查设备电源、防盗设施，每天下班前都要再仔细检查一遍，确保安全。为了保证库存的准确、真实，大家还要辛苦地进行盘库，等核实完，确定没有差错之后，才结束一天的工作。每天物流仓库管理员都在尽心工作，没有一个人为了逃避辛苦而打退堂鼓！

这些尽职尽责的物流仓库管理员都在辛辛苦苦地奉献，尽管人们会认为这项工作很普通，但是事实上，他们从来没有怠慢过，从来没有放弃过！他们是在用"心"干，想尽办法使自己的工作做得更好！别人做不到，他们做到了，别人受不了的辛苦，他们默默地承受着！这就是他们，把自己那颗最热情、最真挚的心交给了仓库，把自己的青春、激情留在了仓库；这就是他们，普普通通、兢兢业业的物流仓库管理员！

某公司物流仓库管理员职责

（1）早盘查（点货备发）、晚清账（当日工作当日完）。

（2）提供及时、准确的物料，做好后勤保障。具体要求：采购单下达后，必须及时、清晰、准确地了解货物的运行状态，及时登报信息，直至合同完成、存档。

（3）负责库房日常管理事务。

（4）检查库存产品状况，对于沉淀物料（一段时间内未领用的物料），及时向部门经理和采购人员反映，促进公司资金的有效使用。

（5）按规定收发物料：严格按照领料单进行物料发放；严格执行物料借用和归还制度；做好采购物料、半成品及产品入库，协同质检人员进行检验，并及时、准确填写相关信息。

（6）根据入库单，对于超过或将要到达计划入库日期而未入库的物料，及时提醒采购人员，督促供货方按期交货；对于已经入库的贸易产品，提醒工程部和市场部及时发货。

（7）物料存放库房和库位的筹划、排放和整理。

（8）库存物料月度盘点工作的具体执行。

（9）保证库存物品安全，及时发现、排除安全隐患，重大安全问题要及时上报部门经理甚至总经理。

（10）维护和管理搬运工具。

二、中高层物流管理人员的魅力

（一）物流运营经理的魅力

物流运营经理责任重大，如有失职可能导致整个企业运作失败，因此物流运营经理的价值一方面取决于其专业才能，另一方面取决于其责任心、敬业精神和对职业准则的遵循。物流运营经理应符合以下条件。

1. 大公无私，以德为先

作为企业的管理者，必须有高度的政治思想觉悟、高尚的情操、坚定的信念、健全的人格以及全心全意为人民服务的精神，必须热爱我们的国家和民族。作为物流人才，必须具有创新观念、整体意识、开拓精神，不仅要学会生存，还必须具有合作意识、竞争意识与负责精神，将个人主义抛开，全身心投入工作。物流运营经理要尽忠职守、勤恳务实，具有足够的人格魅力，在职员中树立威信，促进企业文化形成，加强企业凝聚力。

2. 终身学习，精通业务

未来的社会是科技的社会、知识的社会、终身学习的社会，作为一个物流运营经理，不仅要肯于学习，还要善于学习，具有学习能力。现代物流管理人才的知识结构必须是理论知识与应用知识的结合，他们必须具备物流技术与管理方面的知识，掌握现代物流科学理论、方法和手段以及物流管理的专业技能。

3. 贵在诚信，敢于决策

诚实守信是物流运营经理必须具备的基本素质，面对有物流需求的投资者，保障投资者的利益就是维护自己的利益，这种信任与对信任回报的关系就是现代商业中劳资关系的结合点。物流运营经理应具有成熟的职业心态，能较好地把工作热情和务实作风结合起来。物流运营经理常常被知名物流企业或大型生产制造企业、流通企业聘用，这些企业经常要面对复杂的市场环境和纷繁复杂的问题，因此只有具备出色的决策能力，才能做出正确的决策，领导企业走向成功。

物流运营经理应承担自己的岗位责任，充分体现应有的敬业精神，这是物流运营经理的首要素质和行为准则，体现着物流运营经理的魅力。

（二）物流数据分析师的魅力

物流数据分析师的工作职责：根据物流活动生成的数据，如出库峰值系数、入库峰值系数、平均库存和最大库存等，利用大数据采集与分析技术，总结数据规律，预测未来一段时间内物流活动的发展规律与发展趋势。

目前，国内各大物流数据平台一般都汇聚了商家、客户以及物流公司的数据资源，通过对物流数据平台上海量的产品交易信息、用户信息以及社会物流网络信息进行深度挖掘，可实现物流过程的数字化和可视化。此外，通过大数据分析技术，还可以进行包裹流转链路的运输预测和运输预警，让物流公司实时掌握整张物流网络的情况，同时每个环节的未来包裹量预测和繁忙度实况预警也让商家能够了解物流公司的状况。

一般大型的物流数据平台所生成的数据主要包括以下几个方面。

(1) 客户的物流数据。客户的物流数据包括客户的收货地址、服务选择，以及对物流公司的评价等。

(2) 商家的物流数据。商家的物流数据包括商家的发货地址、商家的发货速度、商家和每个合作伙伴的时效/评分/投诉、商家对物流公司的选择偏好等。

(3) 物流公司的物流数据。物流公司的物流数据包括包裹的实时跟踪数据、物流公司的路由网络数据等。

(4) 其他数据。例如气象数据，通过和中国气象局合作，采集全国的天气预测和实况数据。

上述数据的采集与分析，离不开具有丰富知识体系的复合型物流数据分析人才。作为物流数据分析师，只有掌握扎实的理论和实践基础，了解物流业发展现状，掌握数据分析方法，才能针对客户的不同喜好、商家的不同特点提供个性化的物流服务，展现物流数据分析师的魅力。

(三) 物流软件工程师的魅力

软件产业的发展关系一个国家的经济建设、社会发展、科技进步以及国家安全，它是国际竞争的战略制高点。如果缺乏强大的软件产业，就不可能有现代化的信息产业。

目前，国内已经出现了一批著名的物流软件供应商，如用友、金蝶、正航等。通过多年的技术积累以及对于市场需求的回应，物流软件已发展成为许多细分的功能软件，并为不同的物流细分领域服务。

物流软件工程师的工作虽然很辛苦，但是也充满了快乐。在软件开发过程中，物流软件工程师经常熬夜做项目，讨论遇到的各种问题，夜以继日地修改程序中的错误。但是当开发的软件能够顺利上线运行、能够给大家的学习和工作带来便利时，他们在欣慰之余只有兴奋与喜悦。凡事都有利弊，既然选择了这个行业，就应该全力以赴。

物流软件的开发离不开物流软件工程师，正是他们通过不懈劳作，夜以继日地编程序、调代码、找错误，才使我国软件产业快速发展，软件功能全面提升，为推动国家经济建设、社会发展、科技进步做出了重要的贡献。

某物流软件开发团队的调研日常

8 日下午

任务：了解公司概况和发展目标，了解公司组织结构。

接待：总经理、人力资源部负责人。

获取：①公司概况；②组织结构图；③人员分工表。

9 日全天

任务：了解公司信息技术应用现状。

接待：信息中心负责人。

获取：①硬件应用现状报告；②软件应用现状报告；③网络应用现状报告。

10 日上午

任务：了解公司库存管理现状。

接待：计划部门负责人。

获取：公司库存管理现状报告。

10 日下午

任务：了解零部件库存管理业务。

接待：物流仓库管理员、计划部门负责人。

获取：①零部件库存管理业务流程图；②入库单；③出库单；④零部件台账；⑤库存报表；⑥其他单据资料。

11 日上午

任务：了解成品库存管理业务。

接待：物流仓库管理员、计划部门负责人。

获取：①成品库存管理业务流程图；②入库单；③出库单；④成品台账；⑤库存报表；⑥其他单据资料。

11 日下午

任务：到各相关业务部门调研。

接待：生产部门、采购部门、销售部门、财务部门等的负责人。

获取：生产与库存、采购与库存、销售与库存、财务与库存等相关业务的流程图。

12 日全天

任务：对所收集到的资料进行分析。

接待：相关部门负责人。

获取：相关报告。

13 日全天

任务：细化零部件库存管理业务流程图、成品库存管理业务流程图，和物流仓库管理员一起完善相应的报告。

14 日上午

任务：提交调研报告并经公司确认，进行调研报告的鉴定评审。

第二章 物流业变化的魅力

物流业是支撑国民经济发展的基础性、战略性、先导性产业。“十三五”以来的五年间（2016—2020 年），我国社会物流总额年均增长率超过 6.5%，物流业总收入突破 10 万亿元，社会物流总费用与 GDP 的比率降到 15%以下。我国货物运输量、快递业务量多年来位居世界第一，全国 A 级物流企业近 7000 家，国家物流枢纽、骨干冷链物流基地、示范物流园区等一批重点物流基础设施正在加快建设，物流新技术、新模式、新业态不断创新发展，行业营商环境持续改善。

在《中华人民共和国国民经济和社会发展第十四个五年规划和 2035 年远景目标纲要》（以下简称《规划纲要》）中，通篇有多处直接提到“物流”，分布在深入实施制造强国战略、促进服务业繁荣发展、畅通国内大循环、打造数字经济新优势、提高农业质量效益和竞争力、实施乡村建设行动、完善城镇化空间布局、加快发展方式绿色转型、构建基层社会治理新格局及促进国防实力和经济实力同步提升等多个章节。全方位、多角度勾画出现代物流体系建设蓝图。

“十四五”时期，我国物流业发展仍将处于重要战略机遇期，但机遇和挑战都有新的发展变化，需要精准把握新发展阶段的特点，认真贯彻新发展理念，支撑构建新发展格局，明确现代物流发展新方向。为了贯彻《规划纲要》，在物流领域目前重点实施的工作如下。

第一，融合有效需求。适应新发展格局下的物流需求，推进制造业与物流业深度融合；构建农业农村物流体系；健全和完善商贸便民物流体系；以创新驱动、高质量供给引领和创造新需求。

第二，提升供给主体。培育和壮大具有国际竞争力的现代物流企业，扶持引导符合市场需要的中小物流企业，鼓励各类企业按照市场经济规律联合重组、联网运行，不断提高服务能力和水平。

第三，补齐设施短板。建设国家物流枢纽布局并联网运行，形成通道+枢纽+网络的运行体系；新建示范物流园区、国家骨干冷链物流基地等，提升改造物流基础设施；补齐多种运输方式的联运转运设施设备；形成都市圈、城市群物流园区和站点无盲点、全覆盖的三级物流配送网络；强化海外物流基地，建设国际供应链网络，增强自主可控能力。在补短板建设中，应充分考虑军事物流、应急物流的需要，保障物流体系安全稳定运行。此外，还应嵌入绿色物流因素，为碳达峰、碳中和做出贡献。

第四，推进数智升级。建设有效串联产业链供应链环节、物流运作环节和市场流通环节的新型信息平台；加大物流枢纽、园区、企业及相关政府部门物流信息整合步伐，推动铁路、航空、港口等信息开放；大力发展产业互联网，打通产业互联网与消费互联网的连接。

第五，优化政策环境。打通“天（产业互联网、物流数智化瓶颈问题）、地（物流用地难、用地贵问题）、链（产业链供应链自主可控问题）、路（配送车辆路权问题）”等关键“堵点”。长期政策做好“体制、机制、税制和法制”四篇大文章，构建物流活动参与方互相依存的“生态圈”。

2020 年，一场突如其来的新冠肺炎疫情严重冲击物流业、制造业。供应链弹性不足、产业链协同不强、物流业和制造业联动不够等问题凸显，直接影响产业运行和生产生活秩序。面对这种局面，国家发展改革委等部门紧扣“双循环”发展新格局，对物流业和制造业联动发展赋予新的时代内涵，由联动发展提升到深度融合。

2020 年，国家发展改革委会同工业和信息化部等部门和单位研究制定了《推动物流业制造业深度融合创新发展实施方案》（发改经贸〔2020〕1315 号），提出了多项重要举措。对于进一步深入推动物流业制造业深度融合、创新发展，保持产业链供应链稳定，构建以国内大循环为主体、国内国际双循环相互促进的新发展格局具有重要指导意义。

我国经济韧性强、潜力足、回旋余地广，长期向好的基本面没有改变，物流运行基本平稳态势没有改变。物流业发展方式、质量要求、治理能力提档升级，将全面迈入高质量发展新阶段。站在“两个一百年”奋斗目标的历史交汇点上，要以构建现代物流体系、建设物流强国为目标，以推动高质量发展为主题，以供给侧结构性改革为主线，实现由物流大国向物流强国的转变。

第一节　宏观物流变化的魅力

物流业作为一种服务产业，是国民经济的重要组成部分，也是衡量一个国家现代化水平与综合国力的重要标志之一。随着物流业规模的持续扩大，物流业对中国经济的推动作用日趋明显。

一、物流业的发展

物流业是物流资源产业化而形成的一种复合型或聚合型产业，是支撑国民经济发展的战略性产业。新中国成立后的70余年间，特别是在改革开放后，我国的物流业得到了快速的发展。

2008年，社会物流总费用与GDP的比率为18.1%；2014年，中国的快递业务量超过美国，跃居全球第一；2017年，全国社会物流总额达到252.8万亿元。2017年，全国铁路货运总发送量为36.89亿吨，公路货运量为368.69亿吨，水路货运量为66.78亿吨，民航货邮运输量为705.8万吨。2020年，全国社会物流总额为300.1万亿元，社会物流总费用为14.9万亿元，社会物流总费用与GDP的比率为14.7%，物流业总收入为10.5万亿元。2021年，全国社会物流总额为335.2万亿元，物流业总收入达到11.9万亿元，同比增长15.1%，社会物流总费用与GDP的比率为14.6%。数据表明，社会物流总费用与GDP的比率总体呈现出下降趋势，物流业运行成本的下降有效地降低了经济运行的成本，从而促进经济运行质量的提高。同时，物流业的强大韧性为我国经济运行率先由负转正做出了重要贡献。

二、 物流业宏观变化的魅力

2010—2020年，全国社会物流总额逐渐增长，其变化趋势如图2-1所示。2014—2016年，全国社会物流总额增速放缓，主要是我国物流市场结构不断优化所致。2015年起，我国加大了对物流业的扶持力度，全国社会物流总额增速加快。中国物流与采购联合会公布的2019年物流运行数据显示，社会物流需求总体保持平稳增长，但增速有所趋缓，同时对物流需求结构进行优化调整，消费物流新功能不断壮大。

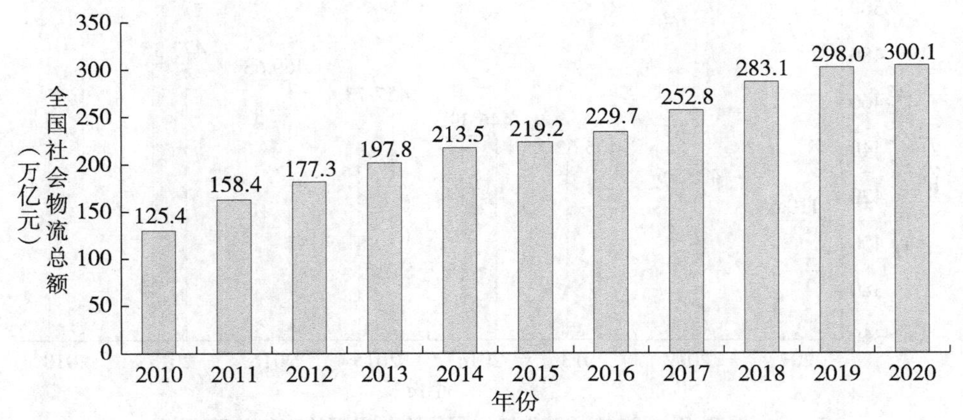

图2-1　2010—2020年全国社会物流总额的变化趋势

物流业是国民经济发展的基础，其发展已成为衡量国家现代化程度和综合国力的重要标志之一。根据智研咨询发布的《2020—2026 年中国智能物流行业市场现状分析及未来前景规划报告》的数据，2019 年上半年，我国社会物流运输成本为 3. 5 万亿元，仓储成本为 2. 3 万亿元，管理成本为 0. 8 万亿元。

我国物流业总收入在 2014 年的时候达到了 7. 1 万亿元。2018 年，这一数额达到了 10. 1 万亿元，四年间（从 2014 年到 2018 年）增长了约 42. 2%。2018 年，我国物流业总收入比上年增长 14. 5%，增速比上年同期提高 3 个百分点。

截至 2018 年年底，全国铁路营业里程达到 13. 1 万公里，其中高铁营业里程超过 2. 9 万公里；全国公路总里程为 484. 65 万公里，其中高速公路里程为 14. 26 万公里；全国内河航道通航里程为 12. 71 万公里，全国港口拥有生产用码头泊位 23919 个。各种运输方式的基础设施建设均保持了较高的增速，2011—2018 年全国铁路营业里程、全国公路总里程以及全国内河航道通航里程的变化趋势分别如图 2-2、图 2-3、图 2-4 所示。

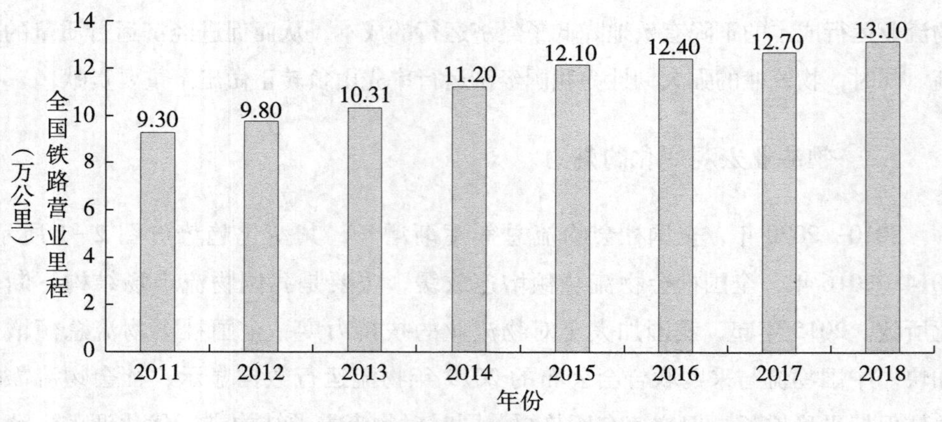

图 2-2　2011—2018 年全国铁路营业里程的变化趋势

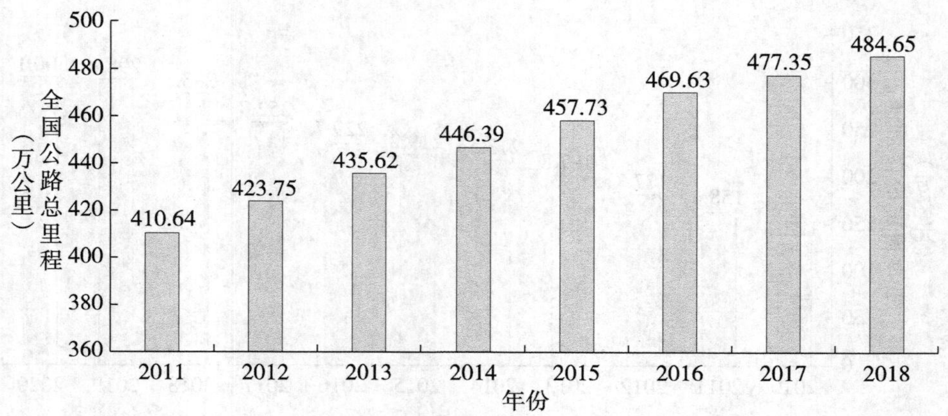

图 2-3　2011—2018 年全国公路总里程的变化趋势

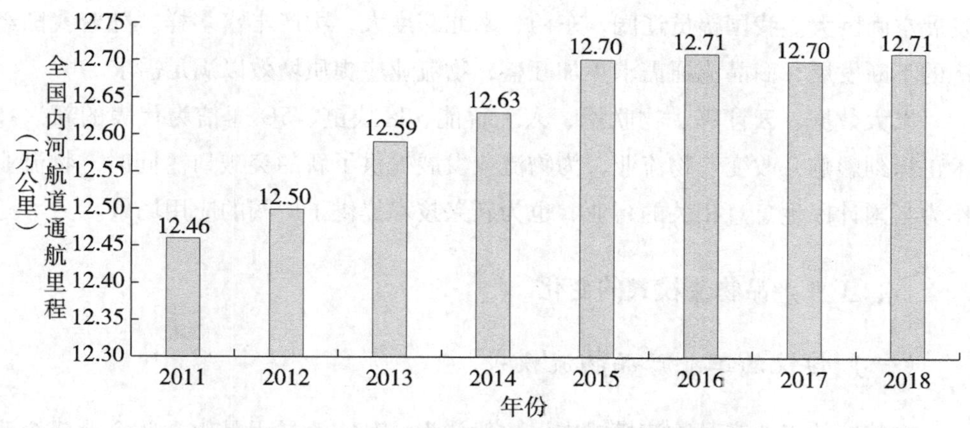

图 2-4　2011—2018 年全国内河航道通航里程的变化趋势

2020 年，受新冠肺炎疫情的影响，我国物流业经受了前所未有的严峻挑战，取得了来之不易的不俗成绩。2020 年 2 月，中国物流业景气指数跌至历史最低点——26. 2%，较 2020 年 1 月回落 23. 7 个百分点。2020 年，第 1 季度全国社会物流总额同比降幅超过 10%。面对严峻挑战，全行业奋起追赶，第 2 季度实现快速反弹，第 3 季度基本转正，全年呈现快速触底反弹态势。2020 年，全国社会物流总额超过 300 万亿元，同比增长约 3. 5%；物流业总收入超过 10 万亿元，同比增长约 2. 2%。此外，2020 年，全国快递业务量累计达到 833. 6 亿件，快递业务量连续 7 年稳居世界首位，快递企业日均快件处理量超 2. 3 亿件。2021 年，全国快递业务量完成 1083 亿件，首次突破千亿件。行业延续快速发展态势，发展动力依然强劲。

畅通国内大循环，立足扩大内需战略基点，建设并完善国内物流网络，培育壮大现代物流企业，支撑现代流通体系运行，打通产业间、区域间、城乡间的物流循环，带动枢纽经济成为新增长极，促进形成强大的国内市场。

从以上数据可以看出，“十四五”时期，我国物流业发展仍将处于重要战略机遇期，但机遇和挑战都有新的发展变化。未来，物流业的发展空间将会继续扩大，整个行业的收入也会持续上涨。因此，我们要精准把握新发展阶段，认真贯彻新发展理念，加快构建新发展格局，明确现代物流发展新方向。

第二节　微观物流变化的魅力

物流的基本任务是完成物资实体的物理流动过程，即完成物资实体的储存和运输过程。当前，我国物流业正处于由高速发展向高质量发展转型的关键时期，发展空间巨大。我国幅员辽阔，东西、南北跨度大，物产丰富多样。随着我国经济的不断发展，商品流通需求更加旺盛，物流业应提质增效以满足需求。

以大数据、云计算、物联网、人工智能、区块链、5G 通信为代表的新兴技术正深刻影响并改变着物流业，为物流业发展提供了新的突破口。同时，物流业作为与国计民生息息相关的行业，也为新兴技术提供了广阔的应用场景。

一、工业产品物流模式的变化

（一）传统的工业产品物流模式

在传统的工业产品物流模式中，一般认为，其物流过程是由一些企业或企业部门决定的。从供应链的角度来看，参与其物流过程的实体主要有制造商、供应商、仓储公司、运输公司、批发商、零售商和用户等。传统的工业产品物流模式如图 2-5 所示。

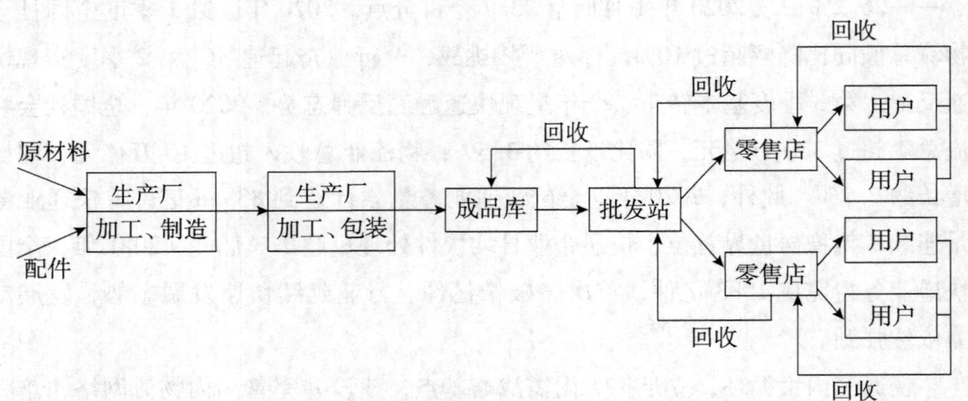

图 2-5　传统的工业产品物流模式

局限性主要表现在以下几个方面。

（1）供应商和销售商（如批发商、零售商）的沟通不畅。库存在整个供应链上不透明，无法进行信息共享。其中，最典型的现象是产生牛鞭效应。

牛鞭效应是指需求量的波动程度沿着供应链的上游方向呈现出不断放大的现象，如图 2-6 所示。牛鞭效应使用户需求量的波动程度不断放大，导致供应商、制造商和主体企业不得不增加无谓的库存，从而增加了生产成本，而且用户信息的“时滞”效应也使主体企业对市场的应变能力大大降低。

（2）物流的主要精力集中在仓储和运输方面，没有涉及整个供应链的反应速度。

（3）在相互协调的过程中，各节点的供应商、主体企业等只关注自身的利

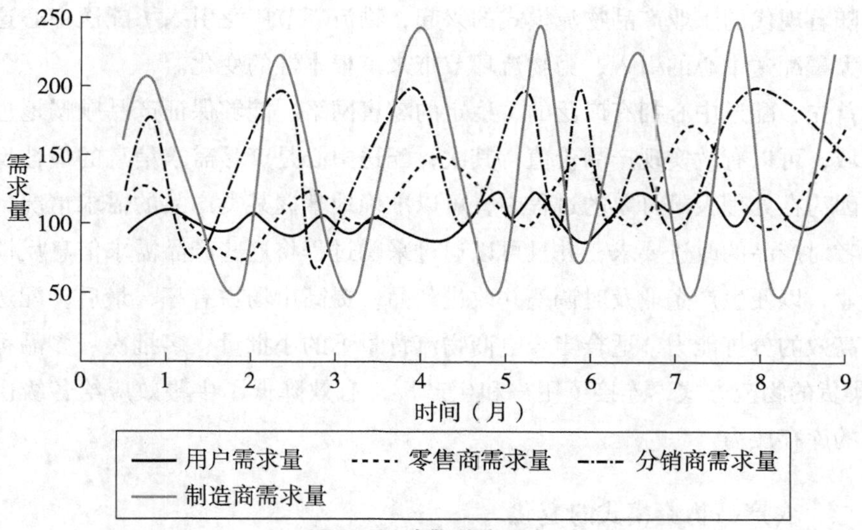

图 2-6　牛鞭效应示意

益。因此，不能形成高效、稳定的供应链。

（4）传统的物流管理方式把计划预测、生产制造、储存销售、客户服务等过程孤立考虑，无法共享信息，从而导致局部最优而不是全局最优。

（二）现代的工业产品物流模式

配送中心是以组织配送性销售或供应、执行实物配送为主要职能的流通节点。为了做好送货的编组准备，配送中心需要做零星或批量进货等资源搜集工作并对产品进行分拣、配备等，因此配送中心往往有比较强的流通加工能力。此外，配送中心还应具有将产品送达用户的使命，故配送中心应具有集货中心、分拣中心、加工中心的功能。

现代的工业产品物流模式如图 2-7 所示。

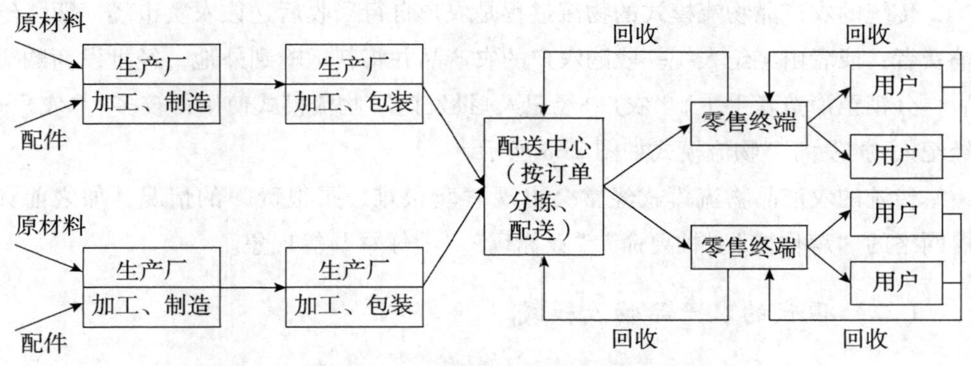

图 2-7　现代的工业产品物流模式

随着现代的工业产品物流模式的兴起，物流环节广泛引入了配送中心这一节点。大量配送中心的引入，为物流环节带来了根本性的变化。

首先，配送中心拥有广泛的、稳定的零售网络，能够保证产品顺畅地进入流通领域，可以有效实现产品价值；其次，配送中心是产品需求信息的最佳反馈渠道，因为在处理大量订单的过程中，可以准确地掌握某类产品的需求情况，了解消费者对产品的改进要求，并且可以通过采购过程将这些产品需求信息反馈给生产企业，以便生产企业及时调整并改进产品，提高市场占有率；最后，配送中心具备高效的分拣能力，适合当今电商物流背景下的小批量、多批次、多品种的分拣-集货的物流方式，连接了用户和生产厂，有效降低了牛鞭效应给各级供应商带来的库存压力。

二、农产品物流模式的变化

随着国家经济的快速发展，人民的生活质量不断提高，人民的生活品质持续向好，消费者对产品的追求也从原来的“好”变成了“优”。农产品作为我们生存的根本，“新鲜”“及时”“健康”“安全”成为其新的追求目标。

农产品物流实现了农产品总体的供需平衡。众所周知，农产品的利润相对较低，农产品种植、加工的准入门槛又不高，而且农产品行业的竞争特别激烈，再加上后期的物流成本，农产品“卖很难、买很贵”的现象就经常发生。

当前农业经济的国际竞争，已不是单纯意义上某个产品的竞争，而是集种植生产、产品加工、流通销售、科学技术等于一体的全部产业系统的竞争。

（一）传统的农产品物流模式

在传统的农产品物流模式中，我们常常把农贸市场作为零售终端，农产品从生产基地流通到销售市场（如农贸市场）后，最终会被贩卖到消费者手中。

传统的农产品物流模式的物流过程是农户自行采收后送往农贸市场，贩卖给消费者；或者由经纪人统一收购农户的农产品并将其运输到外地，经批发商购买后，分销至消费者手中。“农户+经纪人+批发商”物流模式使用得较多。“农户+经纪人+批发商”物流模式如图 2-8 所示。

传统的农产品物流模式经常会出现“卖很难、买很贵”的情况，如之前火爆网络的“蒜你惨”“柚要命”“豆你玩”“姜你军”等现象。

（二）现代的农产品物流模式

目前，在互联网技术、社交电商等的发展推动下，农产品的物流模式也在发生着深刻的变化，生鲜电商平台成为各大零售企业关注的焦点。

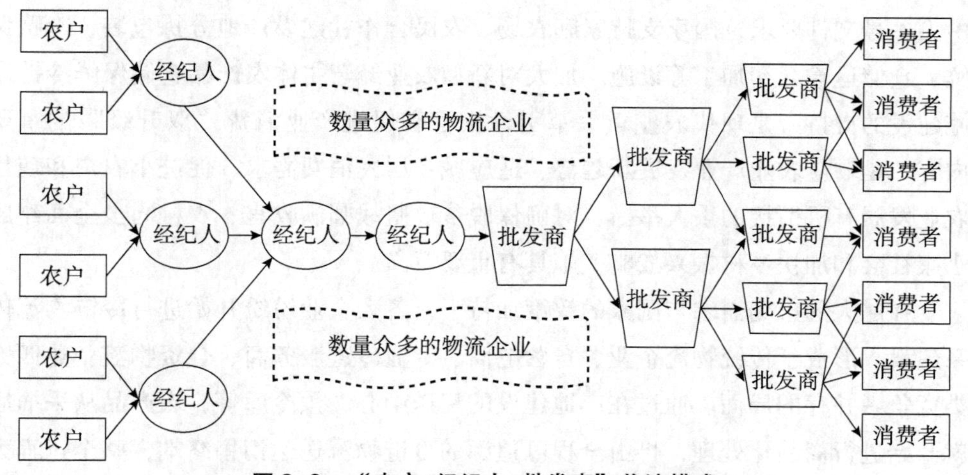

图 2-8 “农户+经纪人+批发商”物流模式

生鲜电商平台主要包括三种类型：第一类是平台型电商，主要包括天猫和京东这种传统电商平台开拓出的农产品业务，其代表有天猫的生鲜频道喵鲜生和京东的京东生鲜等；第二类是 O2O 模式电商，是指将线上和线下结合起来的生鲜电商平台，线上电商企业和线下实体店展开合作，其典型代表有食行生鲜；第三类是综合型电商，如沃尔玛网上超市（微信小程序）等生鲜电商平台，这是一些大型零售企业在农产品领域的开拓。虽然不同的生鲜电商平台下各有各的配送模式，但是主要还是依靠自营配送、第三方物流配送、共同配送三种方式，加上末端配送的多种形式来实现将农产品配送至消费者手中，生鲜电商平台配送模式如图 2-9 所示。

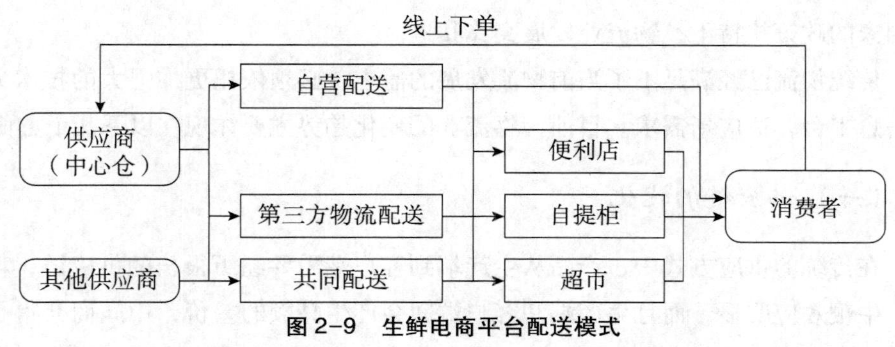

图 2-9 生鲜电商平台配送模式

农产品通过生鲜电商平台进入消费终端的方式将是未来发展的必然趋势，既可以减少流通的中间环节，又可以使农产品的生产订单化、标准化，还可以实现农产品质量的追本溯源。

生鲜电商平台相关配套设施的建设已经引起国家和地方政府高度重视。2019 年 7 月 30 日中央政治局会议明确提出实施城乡冷链物流设施建设工程。2020 年中央一号文件要求，国家支持家庭农场、农民合作社建设产地分拣包装、冷藏保鲜、仓储运输、初加工等设施。加大对新型农业经营主体农产品仓储保鲜冷链设施建设的支持，是现代农业重大牵引性工程和促进产业消费“双升级”的重要内容，是顺应农业产业发展新趋势、适应城乡居民消费需求、促进小农户和现代农业发展有机衔接的重大举措，对确保脱贫攻坚战圆满收官、农村同步全面建成小康社会和加快乡村振兴战略实施具有重要意义。

在巨大的市场需求与国家的政策加持下，各大企业纷纷开始进行冷链物流体系建设，形成了传统物流企业、自营电商、专业冷链服务商、合资物流企业四大类竞争者并存的局面。通过在产地建设的配送中心、预冷库等，农产品从采摘后就开始进行商品化处理，再由全程可追溯的冷链物流送达销售终端，整个过程大大提升了农产品的标准化程度和附加值。

随着农产品供应方式的不断创新，网购农产品成为消费者新的选择，越来越多的消费者开始综合利用线下、线上资源，购买新鲜的、个性化的、高质量的农产品。生鲜电商平台已经成为火热的购买渠道，必定会有广阔的发展空间。

第三节　物流业的变化趋势

随着世界经济全球化的发展，在我国科技进步、经济发展的大环境下，物流业的发展日新月异。2009 年国务院印发《物流业调整和振兴规划》，这是我国物流业第一个全国性的专项规划，也是十大调整和振兴规划中唯一的服务业规划。在国家的政策扶持下，物流业发展突飞猛进。

传统物流已经满足不了当前物流发展的需求，必须依托更加强大的技术力量和信息平台，适应新需求。目前，物流业的变化趋势主要体现在以下几个方面。

（一）供应链的优化

在传统的供应方式中，产品从生产端到客户端需要经历很长的供应链，耗时长、牛鞭效应明显，而且生产端和客户端间会产生高额的差价，中间商获得了较大利润。在现代的供应方式中，生产端通过物流中心、电商平台、自媒体平台等多种渠道直接与消费者进行沟通，从而达成交易。中间不再需要分销商参与，可充分降低流通成本，缩短流通时间，简化整个供应链的物流过程。

（二）流通方向在供应链中发生的变化

在传统的供应链中，存在很多流通上的问题，如供销之间的关系出现脱节的现象。供应商与消费者达成交易时，在运输途中不能得到准确的信息，只能用“推动式”方法进行管理。在一定情况下，销路不好的产品，容易出现产品囤积的现象，运转的周期也会随之延长，在消费者的心目中就会形成不好的形象。然而，现代供应链电子商务可以完善企业的信息管理机制，通过互联网服务平台帮助企业快速实现对信息流、资金流和物流的全方位管理和监控。同时，利用物流中心的数据分析，可以对供应链上下游的供应商、企业、经销商、客户等进行业务的协同管理，帮助经销商和企业掌握准确的渠道库存信息，消除牛鞭效应，辅助企业业务决策。

（三）采购环节的变化

在现代生产管理中，采购环节变得越来越重要。一般情况下，企业产品成本中采购成本占有较大的比重。近年来，越来越多的企业都会选择在行业内的专业网站上采购物资，以降低采购环节的费用，从而更好地节省企业的采购成本。

传统的采购流程非常复杂，首先采购员需要寻找合适的供应商，其次要检验供应商的产品，最后应与供应商洽谈预订产品和开具发票等具体问题。

在电商时代，企业的采购环节逐步简化，随之而来的是产生了各种 B2B（企业对企业电子商务）平台。这些电商平台在运营初期基本上是以出售会员资格的形式营利，即买方在购买会员资格后，才能看到电商平台上的各种产品信息，随后买卖双方自行联系，线下结算。由于买卖双方自行交易，故这种形式容易产生纠纷。现阶段，电商平台通常通过银行授信，依托银行平台，使买卖双方的交易过程完全在银行平台内部完成。有了银行平台和银行授信的支持，买卖双方即使在不了解对方的情况下也能顺利完成交易，且交易过程公开透明，避免了采购员吃回扣、虚假交易等不良现象的发生，降低了企业的采购成本。同时，企业通过以上方式进行采购，选择范围更广，能够接触更多的供应商，有更多的选择，在降低企业采购成本的同时，也增加了同行间的良性竞争。

（四）配送环节的变化

现代物流配送的发展，提高了社会的整体效率。很多物流企业采取仓储式的物流模式，可以有效地利用交通工具，从而科学地进行产品的运输和配送，在节约运输成本的同时，也为社会的绿色发展做出了贡献。

现代物流配送的飞速发展，为企业进一步占有市场提供了重要帮助。企业对高效的物流配送体系也提出了更高的要求，现代化的供应链管理系统优化了企业的发展模式。此外，现代物流配送的飞速发展，也满足了客户对于产品、服务的需求，从而让更多的优质产品和服务在全国乃至世界范围内传播开来。

（五）物流网络的变化

节点和线路两大部分构成了物流网络，相互之间存在着关联。组建节点的设施，能够准确执行存货、交付等操作，还能融合运输能力为物流服务。由于电子商务的发展，物流业也受到影响。例如，库存的集中化，仓库数量的减少。配送环节能使企业实现零库存生产，倘若一直发展，将会出现更多供应链管理下的零库存现象。此外，在以后的节点上，其主要的形式体现在配送环节。现今的仓库会进行细分，有保管仓库和流通仓库。在电子商务环境下，物流管理注重时间理念，转运速度也会更快。制造业会更快实现零库存，物流企业也会成为仓库的运营方，这一系列变化都能看出，保管仓库在逐步减少，流通仓库将发展成为配送中心。

（六）业务范围的变化

传统的信息管理以物流企业的运输、保管、包装等功能环节为对象，以企业自身的物资流管理为中心，形成一种闭环管理的模式。而如今的物流企业更注重供应链管理，把物流信息作为供应链管理的主要依据，以客服为中心，同时兼顾产品的生产、采购、仓储等环节。例如，目前许多物流企业已经把保税、供应链金融、电子商务、信息服务等内容纳入自己的业务范围。

第四节　物流业变化的魅力

“十四五”时期是我国全面建成小康社会、实现第一个百年奋斗目标之后，乘势而上开启全面建设社会主义现代化国家新征程、向第二个百年奋斗目标进军的第一个五年。《规划纲要》蓝图徐徐展开，需要我们谋划发展战略，明确发展方位，构建现代物流体系，迈向建设“物流强国”新征程。2020 年，新冠肺炎疫情持续蔓延，面对新冠肺炎疫情的严重冲击和复杂国际形势的严峻挑战，全行业紧跟党中央决策部署，统筹推进抗击新冠肺炎疫情和建设现代物流体系，取得了不同寻常的成绩。

一、民生物流呈现新亮点

内需驱动的民生物流成为新冠肺炎疫情下的增长亮点，助力强大国内市场发展。无接触配送、社区电商物流、统仓统配飞速发展，共同化、多频次的物流模式向消费即时化、个性化、多样化的需求转变。电商快递、冷链物流、即时配送等民生物流领域受新冠肺炎疫情考验仍保持较快增长。

物流业是伴随着工业的发展而不断进步的，先进的工业体系要依靠发达的物流网络来支撑，工业品物流需求稳步增长，它是社会物流需求的主要来源。2020年全年工业品物流总额同比增长约 2.8%，其中高技术制造、装备制造等中高端制造物流需求全面回升，增速超过 10%。制造业服务化提速，带动制造业物流一体化、精益化、集成化发展，支撑实体经济稳定向好。2020 年，我国进口物流量同比增长 8.9%，增速比上年提高 4.7 个百分点。进口物流需求增势良好，原油、钢材、农产品、机电产品等重要原材料和零部件保持较快增长，大宗商品物流全力保供，有力保障生产供应和国内经济正常运转。

二、物流企业竞争力提升

2020 年，受新冠肺炎疫情影响，一批骨干物流企业迎难而上，不断扩大市场规模。电商快递、零担快运、合同物流、航空货运、国际航运、港口物流等细分市场集中度有所加强，涌现出一批规模型骨干物流企业，市场集中度有所提升。同时，企业间进行多种形式的联盟合作、重组整合，共同抵御新冠肺炎疫情风险。截至 2020 年年底，全国 A 级物流企业达到 6882 家，其中规模型 5A 级企业 367 家；50 强物流企业物流业务收入合计 1.1 万亿元，占物流业总收入的 10.5%。

此外，多家国内知名物流企业加大了在无人仓、无人机等方面的布局。人工智能抢滩区块链物流，物流企业得以深化改革，人工智能在一定程度上驱动物流企业转型升级。人工智能设备在物流基础设施重组、生产工具、劳动力以及物流运作流程重构等方面都对物流企业转型升级带来了较大影响。

三、大数据背景下供应链变革创新

大数据技术的特征是容量巨大、品种复杂、处理速度快、价值密度低。随着数据挖掘技术和数据处理技术的发展，大数据技术的价值在供应链中体现得越来越明显。基于大数据技术的供应链呈现智能化、共生化、短链化、智慧化的发展趋势。

目前，我国多家物流企业将大数据技术与企业生产进行融合，为供应链各环节提供实时实地的信息支持，增加了物流企业经营的灵活性和可持续性。此外，在供应链管理中运用大数据技术，能够建立数字捕捉人员、订单和库存的物流交易系统，解决了物流供给与需求匹配、物流资源优化与配置的问题，降低了物流成本，提高了物流效率，巩固了与客户的关系。

通过推动大数据技术与物流业的深度融合，改变了供应链的传统运营方式，改变了物流企业的商业模式，促进了经济的发展与社会的进步。包括我国在内的许多国家都对大数据技术在供应链领域的推广和应用进行了深入研究。

四、物流业逐步推进数字化转型

2020 年，全年实物商品网上零售额增长 14.8%，占社会消费品零售总额的比重比上年提高了 4.2 个百分点。传统企业积极向线上转移，带动传统物流发展方式向线上线下融合转变，全程数字化、在线化、可视化渐成趋势。

仓库内，正在逐步普及和应用智能化的设施设备，如无人叉车、自动导引车（AGV）等。物联网技术和人工智能技术等数字化技术的应用实现了人与车、货、仓的互联互通，可以实时对接数据，确保库存信息的真实性。供应链金融服务的动态化、透明化和智能化，打通了企业与海关、银行、政府等监管机构的数据，降低了监管成本，最大限度地做好了供应链金融服务。

随着物流业数字化转型提速，物流过程数字化水平将会大幅提升，同时，供应链金融服务也将迎来数字化变革。物流业及相关金融业的数字化转型，将为创建节约型社会做出巨大贡献。

五、示范企业引领物流业快速发展

传统物流基础设施和物流“新基建”投入保持高位运行。2020 年，全年完成交通固定资产投资 34752 亿元，全年投产铁路营业里程 4585 千米，新改（扩）建高速公路约 1.3 万千米，智能快递箱超 40 万组。此外，近年来我国对物流基础设施进行评级定性，推选出一批骨干物流企业和物流示范区，为我国物流企业起到了示范带头作用。

2020 年国家骨干冷链物流基地建设名单发布，包括平谷国家骨干冷链物流基地、晋中国家骨干冷链物流基地、巴彦淖尔国家骨干冷链物流基地、营口国家骨干冷链物流基地、苏州国家骨干冷链物流基地等 17 个大型冷链物流基地入选，这些基地既要进一步加强冷链物流设施设备改造，促进业务流程和经营模式创新，不断提高冷链物流服务能力和效率；又要发挥好示范引领作用，结合实际先行先试，为以后年度国家骨干冷链物流基地建设探索经验，同时重点从能力提升、资源整合、互联互通、规范发展、食品安全等方面做好国家骨干冷链物流基地建设工作。

物流园区作为重要的物流基础设施，具有功能集成、设施共享、用地集约的优势。通过选择一批行业企业认同、运营模式先进、示范带动作用强的物流园区开展试点示范工作，有利于以点带面全面提升我国物流园区的建设、管理和服务水平，对提高全社会物流效率，促进产业结构调整和经济发展方式转变，推动"一带一路"倡议、长江经济带及京津冀协同发展等重大规划的实施具有重要意义。

物流枢纽是集中实现货物集散、存储、分拨、转运等多种功能的物流设施群和物流活动组织中心。国家物流枢纽是物流体系的核心基础设施，是辐射区域更广、集聚效应更强、服务功能更优、运行效率更高的综合性物流枢纽，在全国物流网络中发挥关键节点、重要平台和骨干枢纽的作用。国家物流枢纽联盟于2020年11月12日成立，是由中国物流与采购联合会牵头，经政府部门评审认定的国家物流枢纽运营主体企业（单位）和为联盟提供运行支持的单位自愿加入的全国性同业联系机制，接受国家发展改革委、交通运输部主管司局的指导。

2020年，智慧物流基础设施建设发力，智慧物流园区、智慧港口、智能仓储基地、数字仓库等一批"新基建"投入使用，促进"通道+枢纽+网络"的物流基础设施网络体系加快布局。

六、国际物流市场稳步发展

2020年，全球新冠肺炎疫情蔓延，大量国际客、货运航班停飞，出口集装箱运价大幅上涨，众多航线爆舱、缺柜，准班率大幅降低，呈现特殊的市场状况，国际物流受到严重冲击。

2018年7月31日召开的中共中央政治局会议首次提出"六稳"，即稳就业、稳金融、稳外贸、稳外资、稳投资、稳预期。2020年4月17日召开的中共中央政治局会议首次提出"六保"，即保居民就业、保基本民生、保市场主体、保粮食能源安全、保产业链供应链稳定、保基层运转。

新冠肺炎疫情在全球加速蔓延后，各国相继采取了严格的管控措施，造成国际货运受阻，严重影响了我国产业链供应链的稳定。针对这种情况，交通运输部会同12个部门统筹协调、多措并举，保障货物能够"进得来、出得去"。此外，交通运输部会同12个部门成立了国际物流工作专班，24小时实体化运行，按照"一事一协调、一事一处理"的原则，全力保障国际物流的畅通。

在铁路运输方面，提高中欧班列运输保障能力，适度增加班次密度；在道路运输方面，加强运力调配，通过在边境口岸接驳运输等方式，确保国际道路货运正常运行；在海运方面，开辟国际快船运输，为解决邮政快件的积压开辟新的渠道；在航空运输方面，鼓励航空公司通过"客改货"、货运包机等方式增加国际航空货运运力。

2020年5月6日，国务院复工复产推进工作机制国际物流工作专班公布了54家第一批国际物流运输重点联系企业名单。交通运输部会同工业和信息化部、商务部等相关部门，推进物流企业与制造企业、外贸企业供需信息方面的对接，保障企业链、供应链的畅通和稳定。

第三章　电子商务的魅力

根据中国互联网络信息中心（CNNIC）发布的第48次《中国互联网络发展状况统计报告》，截至2021年6月，我国网民规模达10.11亿，较2020年12月增长2175万，互联网普及率达71.6%。依托互联网的普及和移动终端的发展，电子商务发展领域不断扩大并且出现了新的商业模式，丰富了居民的消费选择。从电子商务所涉及的参与主体可以分为企业对企业电子商务（Business to Business，B2B）、企业对顾客电子商务（Business to Consumer，B2C）和顾客对顾客电子商务（Consumer to Consumer，C2C）三种主要电子商务模式。

B2B是指企业与企业之间通过互联网等现代信息技术手段进行数据信息交换、传递并开展商务活动的电子商务模式。企业利用电子商务平台开展各种商务活动，这种方式更加便捷，降低了交易成本。

B2C是指企业通过互联网向个人网络消费者直接销售产品或提供服务的电子商务模式，企业供给与消费者需求通过电子商务平台进行匹配。如今，互联网的普及和网络零售的繁荣使其成为主流的交易形式，在交易过程中省略了中间环节。B2C的代表主要有天猫、京东等网上购物商城。

C2C是指个人之间通过互联网进行产品销售或提供服务的电子商务模式。例如，淘宝在C2C交易领域就处于领先地位。

作为互联网经济产物，电子商务获得高速发展。根据《中国电子商务报告（2020）》，2011—2020年全国电子商务交易总额及同比增长率如图3-1所示。根据2021年中国互联网协会发布的数据，从细分市场来看，跨境电商行业规模达6万亿元，农村网络零售额达1.79万亿元，直播电商市场规模达9610亿元，生鲜电商市场规模超过4000亿元。

随着5G基建加快布局，网络基础设施不断完善。物联网建设深入推进，新型消费蓬勃发展，必将加快各类新型信息技术与实体经济深度融合，进一步赋能产业升级。未来的电子商务必将朝着智能化、规范化、区域化、国际化等趋势发展。

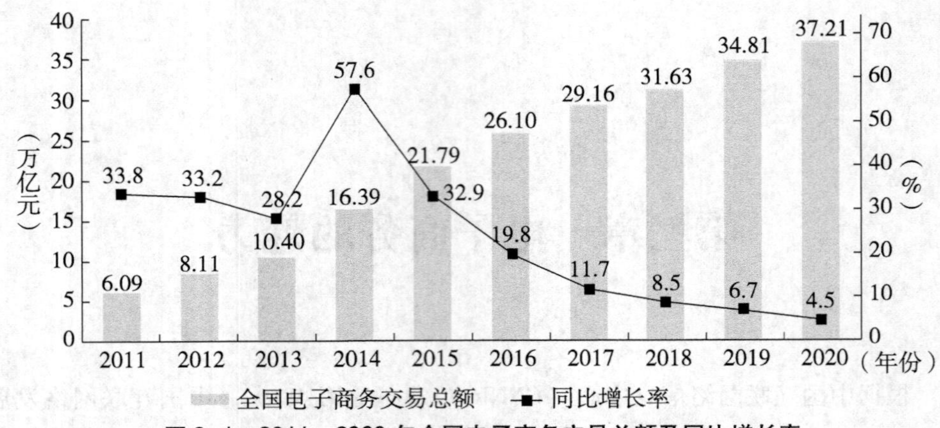

图 3-1　2011—2020 年全国电子商务交易总额及同比增长率

第一节　农村电商的魅力

一、认识农村电商

正如现代管理学之父彼得·德鲁克所说：互联网革命所带来的翻天覆地的变化就是电子商务。如今，电子商务已经走进农村，它不仅使相对偏远的农村可以使用与城市同样的产品，而且为农产品的经营开辟了新的市场，催生出新型农村经营模式，为农村经济的发展注入了新的活力。2020 年我国完成了脱贫攻坚任务。防止已脱贫的农民再返贫，并让农民有更好的致富之路，是今后一段时间工作的重点所在，农村电商扶贫日益成为缓解相对贫困的重要抓手，具有非常广阔的市场。要想推动乡村振兴，必须激活农村经济，让农民有更好的致富门路，确保农村经济健康、稳定发展，进一步缩小城乡差距。因此，农村电商正在以一种崭新的形式连接城市和农村，成为农村脱贫致富路上一道美丽的风景线。

农村电商借助互联网，不仅让广大农民能够通过电商平台获得更好的生产资料和生活资料，而且引导农民在电商平台上销售农产品，提供更多的个性化服务，打造农产品销售网络，推动农村农业生产、销售和服务一体化发展。

乡村振兴战略提出后，政府加大了对农村的政策倾斜，农村的网络条件和物流条件得到很大程度的改善。近年来，农村地区通信基础设施逐步完善，行政村通光纤和 4G 的比例均超过了 99%，农村和城市实现“同网同速”。截至 2021 年 6 月，我国农村网民规模达 2. 97 亿，占网民整体的 29. 34%；我国城镇地区互联网普及率为 78. 3%，农村地区互联网普及率为 59. 2%，城乡地区互联网普及率差异为 19.1 个百分点。日渐庞大的农村网民数量说明他们能通过手机或电脑了解电子商务这种新型购物和农产品销售渠道，不断增强自身运用电子商务的意识和能力，从而满足消费需求并促进农产品销售。2021 年全国农村网络零售额为 2.05 万亿元，同比增长 11.30%，2016—2021 年全国农村网络零售额及同比增长率如图 3-2 所示。

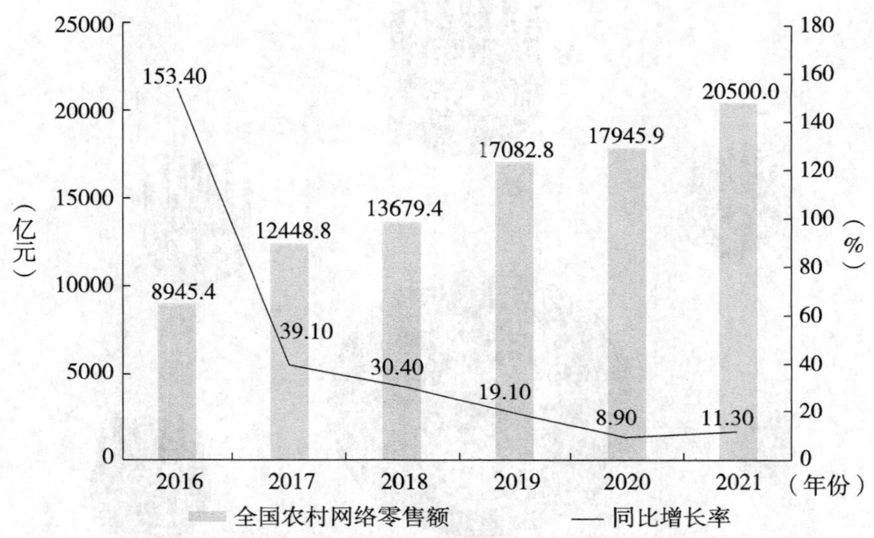

图 3-2　2016—2021 年全国农村网络零售额及同比增长率

二、农村电商的创新模式

（一）平台化模式

平台化模式，即在政府政策的支持下，聚集千万零散商家依靠线上平台实现线上销售。与传统的零散销售模式相比，依靠线上平台实现线上销售的优势主要表现在以下两个方面：一是可以对零散商家进行系统化培训，完善流程化管理，实现销售过程的专业化；二是可以制定统一的收费标准，实现农产品的统一包装、统一定价，有机协调销售体系中的各个环节和要素，实现整个销售过程的有条不紊。

以农村淘宝为例，农村淘宝是阿里巴巴的战略项目，该项目通过与各地政府展开深度合作，以电子商务平台为基础，搭建县村两级服务网络，农村淘宝落地架构如图 3-3 所示，实现“网货下乡”和“农产品进城”的双向流通功能。2014 年 10 月 13 日，首届浙江县域电子商务峰会在杭州阿里巴巴西溪园区隆重召开，揭开了发展农村电商的序幕。农村淘宝通过互联网方式推动了城乡一体化进程，打通了到村的物流和信息通道，让农村居民在家中零成本享受和城市居民一样的便捷生活，让他们足不出户就可以买到物廉价美的产品。此外，农村淘宝创造了更多创业、就业机会，充分利用当地的媒体和各种宣传手段营造回家创业的浓烈氛围，搭建创业舞台，提供创业扶植，让更多年轻人返乡。农村淘宝提供的服务内容如图 3-4 所示。

村级
服务中心
村级
服务中心
村级
服务中心
县级
服务中心
村级
服务中心
村级
服务中心
村级
服务中心

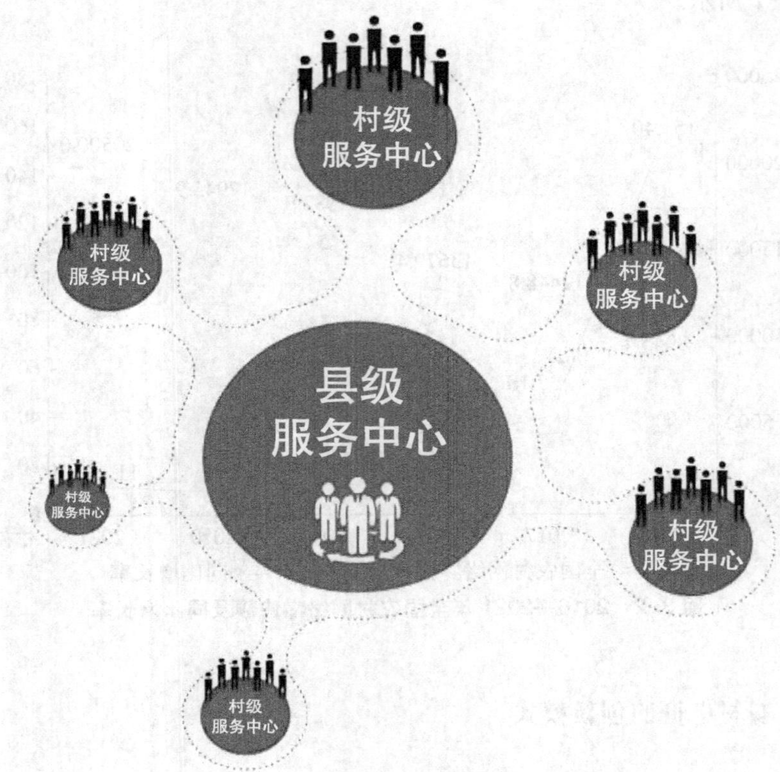

图 3-3　农村淘宝落地架构

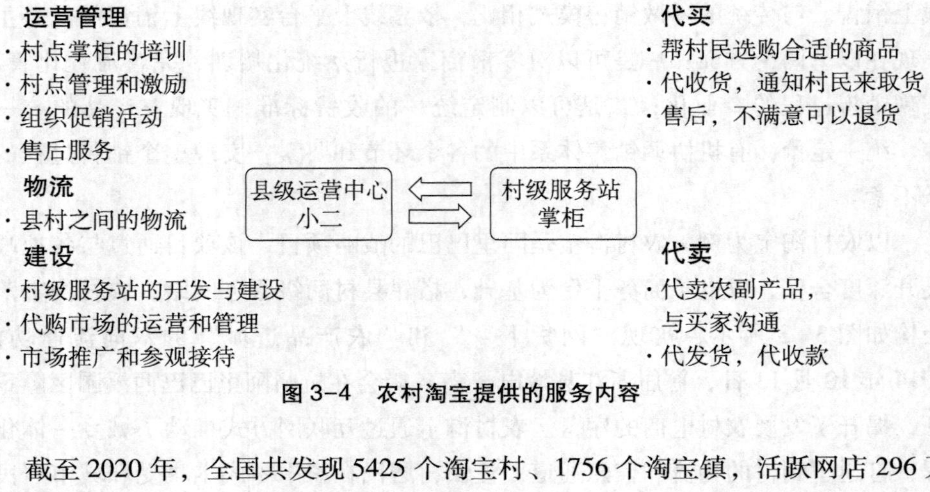

运营管理
· 村点掌柜的培训
· 村点管理和激励
· 组织促销活动
· 售后服务
物流
· 县村之间的物流
建设
· 村级服务站的开发与建设
· 代购市场的运营和管理
· 市场推广和参观接待
县级运营中心
小二
村级服务站
掌柜
代买
· 帮村民选购合适的商品
· 代收货，通知村民来取货
· 售后，不满意可以退货
代卖
· 代卖农副产品，
与买家沟通
· 代发货，代收款

图 3-4　农村淘宝提供的服务内容

截至 2020 年，全国共发现 5425 个淘宝村、1756 个淘宝镇，活跃网店 296 万个，创造了828万个就业机会，成为实现就地创业就业、就地城镇化的重要载体。2020年，由阿里研究院、淘宝村发展联盟、国内外高校与研究机构的学者组成的评委会，评选出了十大“最美淘宝村”。“最美淘宝村”是乡村振兴实践的先行者、探路者，但绝不是独行者，最终所有淘宝村将“各美其美、美美与共”。

（二）产业集群化模式

我国农村地区的农业经营模式带有明显的小农经济特征，生产要素、生产主体的分散性较强，缺乏规模化组织、整合与引导，仅依靠单一家庭的农产品生产模式无法适应电商平台的稳定供给需求。农村电商的农产品大部分是小规模生产，不仅增加了物流运输成本，而且不能获得高额的利润，加上农产品大多是初级产品，没有经过深加工，缺乏农产品质量认证，生产标准不一，影响了消费者的购买意愿。因此，整合资源并建立产业集群化模式对农村电商的发展有很强的带动作用。

产业集群指某一行业内的竞争性企业以及与这些企业互动关联的合作企业、专业化供应商、服务供应商、相关产业厂商、相关机构聚集在某特定地域的现象。农村电商产业集群是采用电子商务模式，由农户、农民专业合作社、销售企业、物流企业、服务机构等共同参与，整合传统农业产业链，创新营销模式和企业组织形式，集生产、销售、物流、服务于一体的产业集群。与传统产业集群相比，农村电商产业集群以互联网为基础整合资源，依托地区产业特色，进行改造、升级、创新，对其赋予更高的产业附加值，从而有效结合实体经济与虚拟经济，打通农产品的上行渠道。

例如，河北省清河县就利用当地的产业优势，发展农村电商产业集群。清河县号称“中国羊绒之都”，是全国最大的羊绒制品生产和销售基地。在当地已经形成了包括养殖、加工、销售等在内的产业链条，羊绒制品的生产规模很大。清河县通过“孵化中心+电子商务园区”的形式，转型升级，并建成了清河羊绒国际交易中心（中国首个羊绒电子交易市场）。在政府和行业协会的双层监管下，做好产品检测，并建立清河县羊绒供应链B2B平台、打造O2O（线上到线下）智能商圈——“清河羊绒智汇购”，带动羊绒制品的集群化发展，从而实现了清河县羊绒制品的产业升级。

（三）品牌化模式

农产品具有很强的地域性，电商平台上销售的农产品亦是如此。地域同质化导致卖家之间的农产品竞争激烈。优质的农产品由于缺乏特色品牌，无法让更多的消费者了解；更由于电商协同不够，很难实现区域产品的特色差异和品牌提升，难以实现优质优价。因此，地域同质化问题是制约农村电商发展的主要因素，极大影响了农村电商的经济效益最大化。

品牌化模式，即通过严格的质量控制管理和标准化的生产程序对优质的农产品进行高品质定位，深入挖掘地域文化、区域特色，讲述品牌故事，拓宽营销渠道，从而带动整个区域产品的销售。在电子商务模式下，实现农产品的品牌化发展需要当地政府的引导，制定完善的品牌扶持体系，在资金、公共设施方面给予适当支持；需要农民专业合作组织的整合，聚集分散农户，以农民的利益为根本出发点，在品牌推广等方面发挥集体力量；需要龙头企业的带动，以企业的组织发展带动各资源主体协调发展，以适应激烈的市场竞争。

"淘乡甜"是阿里巴巴农产品电商上行品牌，专门出售农产品，致力于整合农村淘宝独有的地方政府和合伙人资源，从产地源头寻找可溯源的优特农产品。"乡甜计划"有两种模式：一种是乡田优选的 F2C（Factory to Customer）模式，可以直接将田间农产品供应到餐桌上，省去了其他多余环节，保证了农产品质量；另一种是乡甜农场的 C2F（Customer to Factory）模式，消费者可以直接订购农产品。"淘乡甜"致力于农产品的品牌化建设，打造地标产品统一入仓、集中质检、统一仓配的供应链服务体系，缩短中间环节，通过整合产业链提升农产品品质。兴安盟大米就是"淘乡甜"的实践之一，2018 年兴安盟大米入驻淘乡甜官方旗舰店，通过线上、线下全渠道销售提升兴安盟大米品牌。2019 年，"淘乡甜数字农场—兴安盟大米标准示范基地"正式启动施工建设。数字农场将在"产—供—销"全链路上进行数字化升级，所谓数字农场的全链路数字化升级，总结起来就是产业链前、中、后端八个环节（耕—种—管—收—仓—工—贸—运）的数字化。数字农场直接从源头管理农产品的品质，能够让当地农民实现降本增效，最终实现增收。

三、农村电商持续发展的有效途径

（一）完善物流配送体系

根据 2020 年人民网新电商研究院发布的《中国农村电商物流发展报告》，农村电商在物流配送方面仍然存在较大的问题。例如，物流成本高、中间消耗大；冷链设施不足、相应能力缺失等。这些问题无法有效解决，将进一步制约农村电商持续发展。因此，可以从以下几个方面着手完善物流配送体系。

一是进一步补齐农村寄递物流网点不足的短板，突破消费品下行、农产品上行的农村快递物流"最后一公里"。一般快递网点都集中设在乡镇及其周边，很少能深入某个村落，尤其是偏远地区，距离乡镇较远，基础设施不完善，导致物流运输时间长、成本高，可能还需要在取件时支付二次费用，这些均为消费品下行、农产品上行带来了极大挑战。

二是进一步完善农村物流设施设备，尤其应该增设冷链物流设备。先进的冷链物流设备可以有效保证农产品的质量安全，减少流通损耗。因此，建设集揽收、包装、储存、运输等业务为一体的物流平台，创新打造标准化农产品上行物流渠道，提升冷链物流能力是至关重要的。

三是创新物流配送技术，构建完整的农村物流信息化管理体系，提高物流配送效率。

（二）建立高素质人才队伍

在高素质人才队伍的构建方面，由于农村电商的运营管理需要复合型人才，因此可以聘请行业专家、学者或大型电商企业的管理者，与熟悉本地情况的从业人员相互配合，探索出一条适合农村电商持续发展的道路。此外，设立农村电商运营管理人才信息交流平台并且定期举办交流会，促进经验交流。

在专业技术人才的培养方面，可以通过以下途径实现。

一是校企合作，打造应用型人才。学校可以通过定向培养的方式，为农村电商的持续发展输送专业技术人才。企业也可以将具有一定经验的员工送至学校，系统性学习与农村电商相关的知识，学成之后再返回企业工作。这种方式更加具有针对性，也有利于将理论与实践结合。

二是培训模式多样化、常态化。政府牵头成立"农村电商培训基地"，有计划地进行从业人员培训，完善考核机制。企业加大人力资本投入，使员工掌握最新的专业技能，并定期举办专业技能大赛，鼓励员工到大型电商企业交流学习。

三是拓宽招聘渠道，广纳有志有才人士。充分利用人才市场、传统媒介和网络媒介等，招揽吸引专业技术人才的加入，提升企业员工的整体素质。

（三）加强品牌化建设

农村电商可以依托自然村落的地理、人文等天然优势，开发富有本地特色的品牌。培育龙头企业、打造特色品牌是农产品形成核心竞争力和保持生命力的关键。

其一，依托大型电商平台，快速建立品牌。通过阿里巴巴、京东等大型企业牵头，借助其成熟的电商经营管理经验和运营模式，整合分散的农产品电商，完成品牌升级。其二，政府主导，组建企业合作联盟，培育龙头企业。企业自主参与，发挥专业化分工优势，从而提高农产品供应链每个环节的运营效率，培育当地优质电商企业。其三，通过多种渠道进行宣传，打开市场，提高品牌知名度。

第二节　跨境电商的魅力

一、认识跨境电商

21 世纪初，“互联网化”与“全球化”两大趋势逐步交汇：“全球化”趋势带来互联网更大范围的渗透扩散；“互联网化”趋势则带来可全球触达的信息和服务，更大程度推动了“全球化”趋势。从这个意义上讲，跨境电商就是这两大趋势逐步交汇的产物。跨境电商是指不同领域下的交易主体，通过电子商务平台进行交易支付，将商品以跨境物流的方式送往指定地点，从而完成交易的一种国际商业活动。就跨境电商发展现状来看，进口电商的比例大于出口电商。海淘一族迅速壮大且对海外商品的需求不断增加，在这样潜在市场的吸引下，众多电商企业拓展跨境电商领域，综合类电商平台延伸跨境电商业务。天猫国际、京东国际等各类专业的跨境电商平台如雨后春笋般出现。2015—2019 年中国海关验放的跨境电商进出口总额及增速如图 3-5 所示。

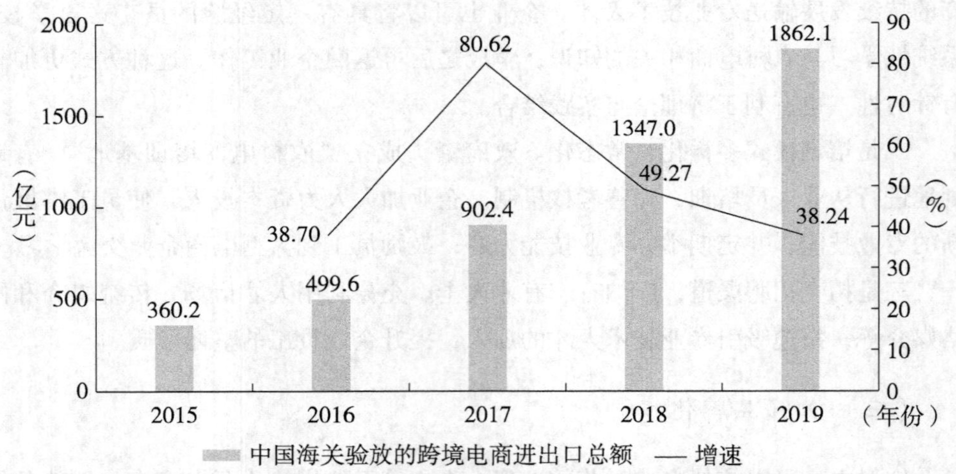

图 3-5　2015—2019 年中国海关验放的跨境电商进出口总额及增速

从图 3-5 可以看出，我国海关验放的跨境电商进出口总额呈现年年递增的态势，并且保持着较高的增速。随着“一带一路”的高质量发展，中国与沿线国家的电子商务合作不断加强，为跨境电商带来新的发展机遇。我国政府不断出台并实施相关支持政策，为跨境电商打造了良好的经商环境，解决了跨境物流和跨境支付的问题，这不仅有助于优化跨境电商服务，而且能更好地满足国内消费者的需求。

二、跨境电商的类型

（一）C2C 跨境电商

C2C 跨境电商包含消费者对跨境外贸活动中的消费者进行的网络零售商业活动。例如，一个消费者借助 eBay，通过网络进行交易，把商品出售给另一个消费者。eBay 是一个线上拍卖及购物网站，其全球注册用户高达 1.5 亿，每天都有数以百万的家具、电脑、车辆等在 eBay 上上架，甚至消费者还有可能在 eBay 上找到稀有珍贵的收藏品，只要商品不在 eBay 的禁止售卖清单内，都可以在 eBay 上售卖。

（二）B2C 跨境电商

B2C 跨境电商是商家通过邮寄快递等物流方式直接面向广大消费者销售商品和服务的商业零售模式。以品牌为主导的亚马逊经过多年的发展，相继推出了 Prime Music 流媒体音乐服务并开创了 Amazon Go 线下便利店。2015 年，亚马逊全球开店业务进入中国，旨在借助亚马逊全球资源，帮助中国卖家抓住跨境电商新机遇，发展出口业务，拓展全球市场，打造国际品牌。目前，亚马逊美国、加拿大、墨西哥、英国、法国、德国、意大利、西班牙、荷兰、瑞典、比利时、日本、新加坡等 18 个海外站点已面向中国卖家开放，吸引数十万中国卖家入驻。广为人知的 B2C 跨境电商平台还有京东国际、天猫国际等，消费者可以通过这些网络交易平台购买全球范围内的商品。

（三）B2B 跨境电商

从广义层面看，B2B 跨境电商包含“互联网化”企业对企业跨境贸易活动，也就是“互联网+传统国际贸易”模式。利用网络的即时性与迅速响应性，企业在线上发布信息、在线下成交和通关的模式，本质上仍然属于传统贸易，在海关的贸易统计中也将它包含其中。从狭义层面看，B2B 跨境电商包含基于电子商务信息平台或交易平台的企业对企业跨境贸易活动。平时谈论的 B2B 跨境电商一般指的都是这个狭义的概念，即线上完成商品交易。敦煌网是全球领先的 B2B 跨境电商外贸交易平台。在敦煌网，卖家将商品的特性、报价、图片上传，接到海外买家的订单后备货、发货；买家收到货后付款，双方通过多种方式进行贸易结算，整个周期历时 5~10 个工作日。在采购批量方面，买家可以直接选择批量采购，也可以选择先少量购买样品，试用后再批量采购。不像传统的外贸订单，半年下单一次，一个订单几乎就是卖家一年的“口粮”。目前，在国际上使用人数较多的 B2B 贸易网站还有中国制造网、环球资源网、阿里巴巴国际站中文官网等。

三、我国跨境电商发展特征分析

（一）重视产业升级和品牌建设，跨境电商成为国产品牌“出海”新通道

我国跨境电商的快速发展，成为推动国内制造业转型升级的重要助力，为打造国产品牌提供了新的途径。面对更广泛的销售市场和更激烈的市场竞争，外贸企业更加重视产业升级和品牌建设。根据某咨询研究院的统计，中国全球 500 强企业的品牌吸引力在 2019 年实现了 15%的增长，在 2020 年继续创造了 8%的增长。同时东南亚电商平台 Shopee 公布的数据显示，在户外运动、家居用品和电子产品领域，已经有多个中国知名品牌实现“出海”，国际品牌形象进一步提升。

（二）跨境电商贸易市场趋向多元化，丝路电商为跨境电商注入新活力

跨境电商贸易市场规模快速增长的同时，市场结构更加优化。一是与传统外贸市场相似，跨境电商贸易市场主要为北美、欧洲和东南亚的 50%以上从事跨境电商业务的企业开通了业务。二是“一带一路”沿线的跨境电商贸易增长较快。自“丝路电商”正式被提出以来，“丝路电商”成为深化“一带一路”国际经贸合作的新渠道，伴随着“一带一路”合作的深化而不断发展。2019 年，我国与意大利、哥伦比亚、乌兹别克斯坦等多个国家建立了双边电子商务合作机制，共建“一带一路”合作伙伴遍布全球。

（三）跨境电商外贸企业持续增长，营销渠道呈现多样化

2014 年以来，我国跨境电商外贸企业数量不断增多，从市场主体构成看，截至 2019 年年末，40%的跨境电商外贸企业年销售额在 500 万美元以上，24. 7%的跨境电商外贸企业年销售额在 50 万美元以下，19. 8%的跨境电商卖家出口额在 50 万美元~100 万美元，10%的跨境电商外贸企业年销售额在 1 亿美元以上。这表明除了存在大量中小卖家外，头部、中部的外贸企业梯队已基本形成。根据中国海关的统计，2021 年第 1 季度，中国的跨境电商进出口总额达到了 4195 亿元，同比增长 46. 5%，并且以第三方平台为基础，逐步开发出独立网站营销、社交网站营销、搜索引擎营销等多样化的营销渠道。

2020 年新冠肺炎疫情席卷全球，大量线下商店与超市倒闭、关停，消费者

被迫网购，大规模转向线上消费，开启了新一轮的消费格局重塑。网购在全球范围内加速普及，成了全球消费的基本方式，刺激了全球电商零售行业提速发展。因此，在跨境电商的持续发展过程中，应充分发挥互联网技术的作用，打造优秀的跨境电商平台，致力于为消费者带来最好的用户体验；建立健全涵盖买卖双方的信用评价系统，实现跨境电商持续、健康、稳定发展；拓展海外物流仓储业务，完善物流体系，降低物流成本，实现境外销售的"本地化"。同时，跨境电商需要注重专业人才的培养与储备。

第三节　自媒体电商的魅力

一、认识自媒体电商

在实体行业没有接触互联网时，电商崛起，实体行业变成了传统行业，当电商没有重视自媒体社群时，自媒体电商崛起，电商变成了传统电商。自媒体电商是指企业利用社会化自媒体平台，如微博、微信等，以图文、短视频和直播等形式传播和发布商品信息，建立商品展示和变现通道，从而形成集营销、客户关系维护、商务开拓于一体的模式。自媒体电商经营模式如图 3-6 所示。

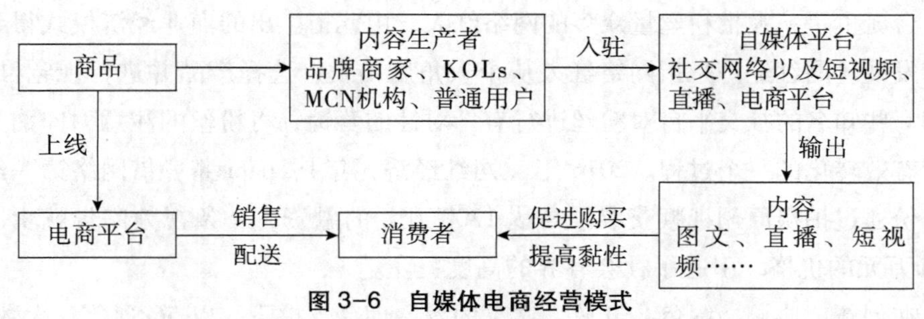

图 3-6　自媒体电商经营模式

注：KOL——关键意见领袖；MCN 机构——服务于网红经济运作模式的各类机构的总称。

自媒体电商本质上有两层含义：一是以"人"为中心，即了解消费者的需求，确认目标用户，做到精准营销；二是强化"自身"的重要性，找准自身特色，刻画品牌背后的故事，塑造品牌形象。因此，自媒体电商企业要深入学习美国学者唐·舒尔茨的 4R 营销理论，即关联（Relevance）、反应（Reaction）、关系（Relationship）、回报（Reward），与消费者建立互动与双赢的关系，不仅积极地满足消费者的需求，并且主动创造需求，把企业与消费者联系在一起，形成独特的竞争优势。自媒体电商也呈现出平民化、圈群化、个性化、随性化、自发传播这几个特点，自媒体电商的特点如图 3-7 所示。

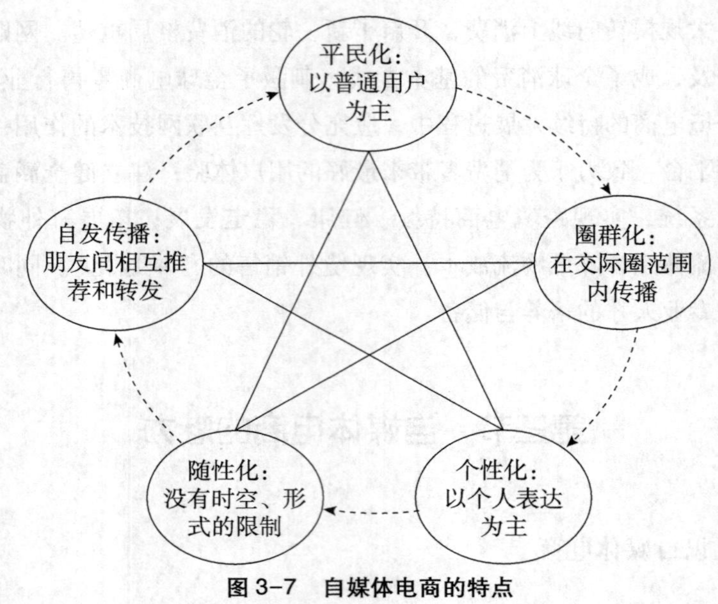

图 3-7 自媒体电商的特点

二、自媒体电商的优势

（一）自媒体电商兴起，网红经济繁荣

随着自媒体时代的到来，网红成为时代特有的名词，以微博、抖音为主的社交平台诞生了一大批粉丝量众多的网络红人，由此衍生出的商业经济模式得到了迅速发展。网红经济是指网络红人从个人角度出发，选择产品并进行视觉推广，利用一些知名的社交平台对粉丝进行有针对性的营销，将粉丝的注意力向购买力进行有效转化的一个过程。2016 年（网红经济元年），papi 酱凭借网络第一红人的身份通过拍摄原创视频获取了高达 1200 万元的融资，一条视频广告就卖出了 2200 万元的价格，引起了社会各界的高度关注。

在创新、协调、绿色、开放、共享的发展理念支撑下，以 5G 通信、大数据、云计算、人工智能等信息技术为基础，网红经济虽高速发展，但弊端也日益凸显。为了保证网红经济的长远发展，必须建立一套完善的监管体系，提高自媒体平台的准入门槛，提升品牌价值，强化运营。网红经济应该突破现有的发展困境，顺应时代，积极探索有益于消费者的商业经济模式，科学合理地促进产业化发展。自媒体时代下的网红经济冲击着我们的生活，我们要学会理性对待网红经济，用辩证的眼光看待网红经济，从而客观评价网红产品。

（二）商家做自媒体电商，实现精准营销

在传统电子商务中，商家需要选择入驻淘宝、京东等电商平台，商家和消费

者的交易完全依赖于电商平台，交易流程受电商平台制约的同时，增加了商家的运营成本。随着抖音、快手等自媒体平台的快速发展，商家逐步涉足这些流量更高的自媒体平台，通过输出更丰富、形象的内容，使消费者认识、了解产品，从而吸引更多的消费者并实现销售额的转化。例如，厨房用具公司的自媒体账号会发布烹饪美食的视频，在展示公司产品的同时，逐渐把自媒体账号运营为"网红账号"，吸引更多的忠实粉丝。自媒体电商的营销方式也由之前的无差别营销转变为精准营销，通过"数字化供应链+粉丝社群经营"，直接面向消费者，聚集私域流量，增加消费者黏性。如母婴类自媒体账号，其粉丝多为妈妈粉，因而定向推广母婴类产品，成交量可观；科技类自媒体账号，则会向粉丝推广一些最新发布的科技数码产品，实现精准营销。

（三）转变营销推广方式，提升产品转化率

以淘宝为例，消费者通过关键词可以搜索到需要的产品，但同类型的商家非常多，消费者经常因为搜索出来的产品太多而难以抉择，需要经过长时间的选择才能下单购买。在这样的过程中形成了一个概念，即转化率。一家店铺一天的浏览量可能很高，但销售量不一定高，消费者会把有购买意向的商品加入购物车，经过反复浏览、对比，最后才会决定在哪个店铺购买。通常，店铺转化率的计算公式为：

店铺转化率=（产生购买行为的消费者人数/所有到访店铺的消费者人数）×100%

店铺的转化率一般在3%~5%，当然不同产品类目的转化率是不同的，自媒体电商的转化率相对比较高。根据数据显示，优质网红的粉丝转化率甚至超过20%，自媒体平台拥有强大的变现能力，优质网红也成为品牌商青睐的合作对象。网红自媒体博主由于输出特定的内容而受到粉丝的喜爱，不同的博主给予的是不同的用户体验感。例如，李子柒的视频以食物为切入点，唤起人们对美好田园生活的向往；papi酱的视频幽默风趣，同时又能引起共鸣。因此，如何根据自身品牌与产品定位，选择匹配的网红自媒体发声，激发粉丝用户的购买欲望，才是广告价值的关键所在。产品定位与自媒体博主的契合，以及自媒体博主在推广过程中应用短视频等场景化营销方式，采取"软广告"的形式，有效降低消费者的排斥心理，增加消费者对产品的兴趣，从而提高产品转化率。

三、自媒体电商的营销模式

（一）"直播+电商"的营销模式

说起直播，首先想到的就是美妆博主李佳琦，一句"Oh my god!""买它!

买它!”，便分分钟断货。电商直播所拥有的强烈的互动性与体验感及大额优惠力度等优势，推动着直播带货的迅速成长，为传统电商提供了一个全新的商品营销模式。目前“直播+电商”的营销模式最常出现在直接镶嵌了直播功能的电商平台，如淘宝、京东等。在电商平台中镶嵌相应的直播功能，相当于把直播变成电商的“附属品”。通过直播的方式，商家可以更形象地展示商品，使消费者更好地了解商品，并且增强商家与消费者的互动。消费者在观看直播的时候会潜意识地接受商品，并产生购买的想法。在直播带货模式方面，除了“主播”带货模式外，还衍生出“主播+明星”带货模式、“电视主持人公益”带货模式等。2021 年 4 月 7 日，由中央广播电视总台和湖北省农业农村厅发起的“品牌强国工程”，2021 年助力湖北公益直播带货活动在武汉黄鹤楼公园正式启动。央视总台主持人康辉、朱迅一起为全国人民带来了一场主题为“为爱买买买，带货樱花季”的公益直播，助力当地特色产品拓市场，帮企业增信心，为品牌集良方，传播湖北声音、做强湖北品牌，让更多消费者了解湖北、品味湖北。

（二）电子商务和社交媒体相融合的营销模式

社交电商是电子商务的一种新的衍生模式，它借助网络社交媒体（如微信、微博）的传播途径，通过社交互动、用户自生内容等手段辅助商品的购买和销售，并将关注、分享、沟通、讨论、互动等社交化的元素应用于电子商务交易过程。它唤起了数字化趋势，使电子商务和社交媒体融合。社交电商以熟人社交圈为切入口，利用线上线下熟人关系进行社交裂变，采取与熟人拼团或砍价互助的方式，最终转化为销售额。在国内，2015 年成立的拼多多（上海本土成长的互联网企业），借助微信、微博等社交平台的巨大流量，开发出了成功的电商营销新模式，仅仅用了几年时间便成长为了和淘宝、京东实力相当的电商平台，这一切都表明社交媒体在电商领域起着越来越明显的作用。

（三）短视频营销模式

短视频营销模式提供直观性、植入性、灵活性、互动性以及多元化的营销服务。虽然短视频的时间一般为 60s 左右，但和传统的图文内容相比，融合了语音和视频，使用户在接收内容时获得更加有趣的观看体验，其为用户带来了直观的表现形式、多样的内容和极高的互动感。以抖音、快手为代表的短视频 App 的下载量和用户量剧增，日活跃用户量超过淘宝、京东等电商平台，孵化出了基于强大用户量的信息流广告。除此之外，短视频博主也会承接外部商家推广，导流到电商平台，或者直接与工厂对接自产自销。例如，美食短视频创作者李子柒发布的原创视频极大地彰显了中国传统文化的丰富与绚丽，并且给人一种心清灵洁之感，将田园牧歌式的世外桃源生活彰显得淋漓尽致，为人们预备了一块心灵的净土，与此同时将中国文化、中国精神传遍海内外。她的视频主要变现途径之一就是将粉丝引流至李子柒天猫旗舰店购买该品牌的商品，形成品牌化效应。

总之，电子商务行业的飞速发展不仅改变了企业本身的生产、经营、管理活动，而且对整个社会的经济运行与结构都产生了巨大的影响。电子商务不仅改变了人们的消费方式，而且使人们能够买到更实惠、更多样化的产品。电子商务实现了随时随地、足不出户、一站式购物，使人们的生活变得更加便捷、美好。但不容忽视的是我国电子商务的发展仍然面临着很多挑战，需要在政府的引领下进一步推进电子商务持续健康发展。一是完善制度建设，针对当前电子商务领域的突出问题，逐步完善电子商务法规和相关标准。2018 年出台的首部《电子商务法》提升了电子商务市场的规范程度，但是相对于电子商务发展水平，我国的立法存在一定的滞后性，应积极推动电子商务领域法律法规的制定和修订工作，健全电子商务法律体系。二是推进电子商务的诚信建设，积极推进《电子商务企业诚信档案评价规范》的实施，推动市场主体参与信用建设，依托全国电子商务公共服务平台，开展诚信经营的承诺。此外，人才培养和储备为电子商务的井喷式发展提供了坚实的保障，完善的物流配送系统是助推电子商务飞速发展的关键。

第四章　物流设备的魅力

第一节　物流设备概述

物流设备是指进行各项物流活动所需的机械设备、器具等可供长期使用，并在使用过程中基本保持原来实物形态的生产资料。

一、物流设备的分类

按照物流设备的功能不同，可以分为运输设备、仓储设备、装卸搬运设备、流通加工设备、连续输送与分拣设备、信息技术设备、集装单元化设备这几类，以下做具体介绍。

（1）运输设备。运输设备是指用于较长距离货物运输的装备。根据运输方式的不同，运输设备可以分为载货汽车、铁道货车、货船、空运货机和管道设备。对于第三方物流公司而言，一般只拥有一定数量的载货汽车，少量第三方物流公司拥有自营船舶和小型飞机。其他的运输设备就直接利用社会的公用运输资源。

（2）仓储设备。仓储设备是指在仓库进行生产和辅助作业以及保证仓库作业安全所必需的各种机械设备的总称，主要包括货架、托盘、巷道堆垛机、室内搬运车以及计算机管理和监控设备等。

（3）装卸搬运设备。装卸搬运设备是指用来搬移、升降、装卸和短距离输送货物或物料的机械设备。装卸是一种以垂直方向移动为主的物流作业，包括物品的装入、卸出、分拣、备货等作业。搬运则是指在同一场所内对物品进行的以水平方向移动为主的物流作业。装卸搬运设备是在物流作业环节中使用频率最高的一类机械设备。典型的装卸搬运设备有桥架型起重机、臂架型起重机、叉车、自动导引车（AGV）等。

（4）流通加工设备。流通加工设备是指用于物品包装分割、计量、分拣、组装、价格贴标、商品检验等作业的专用物流设备。按流通加工形式不同，流通加工设备可以分为剪切加工设备、开木下料设备、配煤加工设备、分选加工设备、精制加工设备、分装加工设备、冷冻加工设备、组装加工设备。

（5）连续输送与分拣设备。连续输送与分拣设备是按照规定的路线，连续地运送散装物料或成件物品的搬运设备。输送机械，主要有带式输送机、链式输送机、斗式提升机、螺旋输送机、气力输送机等。分拣机械根据货物的不同种类和需求在分拣口进行自动分拣，主要包括带式分拣机、浮出式分拣机、悬挂式分拣机、托盘式分拣机等。

（6）信息技术设备。信息技术设备是指用于物流信息的采集、传输、处理等的设备，主要包括计算机网络信息识别装置、监控装置、通信装置等，主要运用条码技术、射频识别技术、电子标签技术、全球定位系统（GPS）和地理信息系统（GIS）等。

（7）集装单元化设备。集装单元化设备是指用集装单元化的形式进行存储、运输作业的物流设备，主要包括集装箱、滑板等。

二、物流设备的作用

1. 物流设备是物流系统的物质技术基础

任何物流系统离开物流设备均无法正常运行，且不同物流系统必须有不同的物流设备来支持，因此，物流设备是实现物流功能的技术保证，是实现物流现代化、科学化、自动化的重要手段。物流设备作为生产力要素，对于发展现代物流，改善物流业不足，促进现代化大生产、大流通，强化物流系统能力具有十分重要的作用。

2. 物流设备是物流系统的重要资产

在整个物流系统中，物流设备的投资所占比重较大，且配置和维护这些物流设备需要大量的资金和具备专业知识的技术人员。随着物流设备技术含量和技术水平的不断提升，现代物流设备既是技术密集型的生产工具，也是资金密集型的社会财富。正确使用和维护物流设备对物流系统的运行是至关重要的，一旦物流设备出现故障，会使整个物流系统处于瘫痪状态。

3. 物流设备贯穿整个物流活动

从物流功能看，物料和商品要经过包装、运输、装卸、存储等作业环节，并且还要经过许多辅助作业环节，而各个环节的实现，都离不开相应的物流设备。例如，在运输、装卸、存储环节都需要用到装卸搬运设备，若用人力完成这些作业，势必耗时耗力，甚至无法完成工作。而选用一些自动化、智能化的装卸搬运设备，不仅可以完成相应的工作，还可以大大提升作业效率。因此，物流设备的性能和配置直接影响各个环节以及整体的作业效率。

4. 物流设备的现代化水平是判断物流技术水平的重要标志

随着科学技术的不断进步，物流活动的各个环节不断提高技术水平，而先进的物流技术是通过物流设备来体现的。例如，在自动化仓储技术中综合运用了自动控制技术、计算机技术、现代通信技术等高科技手段，使仓储作业实现了自动化、半自动化。因此，一个完善的物流系统离不开先进的物流技术的支持，物流设备的现代化水平是判断物流技术水平的重要标志。

第二节　装卸搬运设备的魅力

装卸搬运设备是指用来搬移、升降、装卸和短距离输送货物或物料的机械设备，它是物流系统中使用效率最高、数量最多的一类机械设备，是物流机械的重要组成部分。它不仅用于船舶与车辆货物的装卸，而且用于库场货物的堆码、拆垛、运输，以及舱内、车内、库内货物的启动搬运和运输。

一、叉车的魅力

叉车（Folklift）又叫铲车，是以货叉为主要取货装置，依靠液压起升机构升降货物，由轮胎式行驶系统实现货物水平搬运，具有装卸、搬运双重功能的物流机械设备。叉车具有通用性强、机械化程度高、机动灵活、性价比高、作业安全度高等优点，在装卸搬运机械中应用最为广泛，常在车站、码头、仓库和货场承担装卸搬运和堆码作业。

叉车按其动力装置不同可以分为电瓶叉车和内燃叉车；按其结构和用途不同，可以分为平衡重式叉车、插腿式叉车、前移式叉车、侧面式叉车、跨车、堆高车，以及其他特种叉车等。

世界上第一台叉车于 1917 年在美国诞生，其品牌为克拉克（Clark），其早期生产的叉车如图 4-1 所示。中国的第一台叉车，是 1953 年在沈阳电工机械厂试制成功的 2t 蓄电池搬运车。叉车的出现替代了自古以来的人力，使物料搬运效率有了质的飞跃。叉车一经问世，立即被广泛使用，百年来发展迅速，已成为搬运重物的主要工具。但随着工业技术的不断发展，现在的叉车已不仅满足于实现货物的起升搬运功能，而且还追求叉车的外形设计、智能环保、人体工学设计。

1. 外形设计

随着大众审美的提高，叉车厂家开始重视产品的工业设计，以前叉车钢板大多方方正正，现在的叉车外形更注重流线型车身线条，动静感分明，整体颜色搭

图 4-1 Clark 公司早期生产的叉车

图 4-2 平衡重式叉车

配和视觉效果好，整车外观考虑现代工业产品实用与时尚并存的设计理念，如在平衡重式叉车的尾部凹进去一块倒梯形，然后加上徽标（见图 4-2）。这样上宽下窄的视觉效果，类似于中国古代的“鼎”，给人一种扎实、浑厚、有精气神的感觉。在叉车的配色设计上，不仅追求韵律变化的美感，还要考虑颜色与环境、颜色与人之间的关系等。

2. 智能环保

随着物流智能化、无接触化等方面的需求日益增多，叉车行业数字化、智能化、绿色化升级的趋势已经十分明显，新能源叉车逐渐代替了传统的燃油叉车，各大叉车企业都在致力于研发锂电池叉车、氢燃料电池叉车等新能源叉车。比起传统手动叉车的费时费力、燃油叉车的高污染、铅酸电池叉车的充电慢和寿命短，新能源叉车省时高效、绿色环保、充电快、寿命长。

此外，对于整个仓储物流业而言，叉车智能化已经成为时代发展的主流趋势。叉车智能化技术将新能源、数字化和自动化等先进理念应用于传统叉车，以提高驾驶安全、提高工作效率、降低保养维修费用，实现更全面、准确的数据采集和应用分析，同时，在传统叉车上加载各种导引技术，构建地图算法，辅以避障安全技术，实现叉车的无人化作业。

3. 人体工学设计

给驾驶员提供更加舒适的作业环境。通过优化叉车整车布局，使操作空间得以最大化，同时配置方便调整的座椅和灵活的方向盘，这样既满足了不同个体对驾驶空间的调节需求，又大大提高了驾驶的舒适性；通过全新的操作结构设计，使功能联动配合得更加方便、省力，大大降低了操作者的疲劳感；通过选用先进的手制动装置，增加在线检测磨合工序，使操作过程更加轻便。

二、集装箱装卸桥的魅力

集装箱装卸桥简称岸桥（或桥吊），是专门从事码头前沿集装箱起落舱作业的设备（见图 4-3）。集装箱装卸桥是一种体积庞大，高度可达 70 米，自重有 700 吨以上，价格约几千万元人民币的集装箱码头专用设备。集装箱装卸桥主要由带行走机构的门架、承担臂架重的拉杆和臂架等部分组成。臂架可分为海侧臂架、陆侧臂架和门中臂架三部分。门中臂架专门用于连接海侧臂架和陆侧臂架。臂架的主要作用是承受带升降机构的小车的重量，而升降机构又是用来承受集装箱吊具和集装箱重量的。集装箱装卸桥外形设计形式多样，其中海侧臂架一般设计成可俯仰的，避免集装箱装卸桥移动时与船舶的上层建筑发生碰撞。

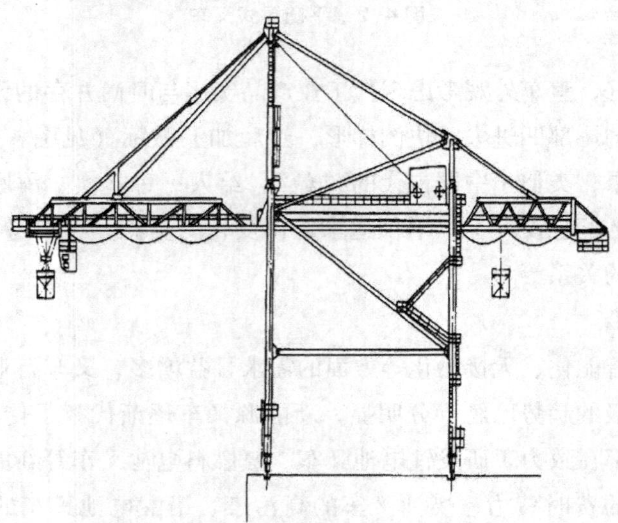

图 4-3　集装箱装卸桥外形结构示意

1. 前臂俯仰式岸桥

前臂俯仰式岸桥外伸臂是通过直上直下的方式进行升降，目前大多数集装箱码头都采用前臂俯仰式岸桥，如图 4-4 所示。作业时，前臂俯仰式岸桥俯下前臂，结束作业后，主梁仰至 80° 挂好钩。一个漂亮的“一字马”，主梁下的净空能安全避开船的上层建筑，主梁的顶部高度也不会影响航线。一起一落中，前臂俯仰式岸桥的优雅身姿是港口的妩媚与温柔。

图 4-4 前臂俯仰式岸桥

2. 前臂铰接式岸桥

前臂铰接式岸桥也称鹅颈式岸桥。在集装箱码头诞生之初，其附近会有机场，但因当时岸桥及飞机都处于小型化时代，码头与机场之间的影响并不大。随着时间的推移，码头岸桥逐步大型化，岸桥的整机高度不断提升之后，极易影响飞机的飞行安全。因此，为了降低岸桥的整机高度，专门研发了前臂铰接式岸桥。装卸作业时，前臂铰接式岸桥的主梁可水平放置，仰起呈弯折形式，可保证其最高点不超过允许的净空高度。前臂铰接式岸桥如图 4-5 所示。

图 4-5 前臂铰接式岸桥

3. 梭动式岸桥

梭动式岸桥的主梁采用伸缩抽拉式结构，所以其净空高度比前臂铰接式岸桥的净空高度更低。这种岸桥大多出现在美国东海岸港口或者澳大利亚的一些港口，因为这些港口附近的机场对码头岸桥高度的要求更严格，所以就需要采用这种梭动式岸桥降低净空高度，保证附近机场飞机起飞和降落的安全。梭动式岸桥的前主梁通过一套驱动机构进行伸缩，作业时，前主梁向海侧方向伸出，非工作时，可将前主梁滑移收缩到陆侧框架内。梭动式岸桥如图 4-6 所示。

图 4-6 梭动式岸桥

4. 创新型双向作业岸桥——双吊杆岸桥

普通岸桥只能在单侧对集装箱进行装卸作业，也就是只能使用外伸臂对靠泊的集装箱船进行装卸作业。土耳其的阿利亚加港，大胆采用一种创新型双向作业岸桥——双吊杆岸桥（见图 4-7）。这种岸桥的两端都可以对停靠的集装箱船进行装卸作业。一旦完成一侧的集装箱船的装卸作业后，岸桥的小车则可以迅速移动到码头另一侧，对码头另一侧已经靠泊的集装箱船进行装卸作业。这种设计可以大大提高码头的装卸效率，减少集装箱船在码头等待的时间，加快港口船舶的周转率。

三、自动导引车的魅力

自动导引车（Automatic Guided Vehicle，AGV）又称无人搬运车，国家标准《物流术语》（GB/T 18354—2021）对自动导引车的定义："在车体上装备有电磁学或光学等导引装置、计算机装置、安全保护装置，能够沿设定的路径自动行驶，具有物品移栽功能的搬运车辆。"自动导引车融合了多种技术，行动快捷、工作效率高、结构简单、可控性强、安全性好。它是自动搬运系统、物流仓储系

图 4-7 双吊杆岸桥

统、柔性制造系统和柔性装配系统中的重要设备。

自动导引车的导引方式可以分为电磁感应导引、激光导引、惯性导航导引、光带感应导引、磁力感应导引、直接坐标导引、图像识别导引、GPS 导航导引和超声波导引等。AGV 作为物流设备中自动化水平较高的产品，越来越多地应用于仓储、制造、医疗等多个领域，相比于传统的人工搬运方式，AGV 在不需要人工驾驶的情况下就能够沿预定的路线自动行驶，将货物或物料从起始点送至目的地。

1. 自动导引车在仓储业的应用——菜鸟网络智能自动导引车“快仓”

仓库是自动导引车最早应用的场所，2017 年，由菜鸟网络打造的机器人智慧仓库在广东惠阳投入使用，这个仓库内有上百台自动导引车在从容有序地工作，它们既能相互协作执行同一个订单拣货任务，也能独自执行不同的订单拣货任务。

自动导引车接到指令后，会自行到存放相应商品的货架下，将货架顶起，随后将货架拉到拣货员面前。完成拣货之后，再将货架拖到货架区。货架的位置会根据订单动态调整，调动自动导引车时利用的是就近调配原则，最大程度上保证了仓库内的运作效率。上百台自动导引车同时工作，意味着分配任务难度巨大，要合理地将每个任务分配给对应的自动导引车，从而实现整体任务完成效率的最优，还要防止自动导引车之间发生碰撞以及部分区域出现自动导引车拥堵、死锁等，这需要强大的人工智能算法做支撑。举个例子，同样在地上跑，自动导引车经常碰头，但从未出现过“撞车”，这是因为人工智能算法进行了优先级判断。如果一个自动导引车拖着的货架上有当日达订单的商品，另一个自动导引车拖着的货架上有次日达订单的商品，那么另一个自动导引车就会让路。此外，订单下单时间也会影响优先级。

自动导引车可以实现 500 到 1000 小时无故障运营，当缺乏电力时，会自动归巢充电，如图 4-8 所示。这就使得仓库的运行效率非常高，单仓出库能力达到 10 万多件。每一台自动导引车能顶起的重量可达 500 公斤，为方便拣货员拣货，自动导引车可以灵活旋转，将货架的四面均调配到拣货员面前。这就意味着一个货架的四个面都能存储商品，仓库储量提升了一倍多。

图 4-8　在充电的自动导引车

2. 自动导引车在制造业的应用——自动导引车助力三一重卡“超级工厂”

自动导引车现已应用于制造业，成为智能车间流水线的重要组成部分。在生产中用自动导引车代替工人进行装载、搬运、卸载等工作，实现了车间物流的自动化，极大提高了生产自动化水平。通过自动导引车与生产线的完美结合，可自动完成每个环节的运输、上下料工作，无须人工，且能自动记录搬运货物所存放的地点，真正实现无人化管理。

三一集团有限公司（简称三一集团）始创于 1989 年，自成立以来，秉持“创建一流企业，造就一流人才，做出一流贡献”的企业愿景，打造了业内知名的三一品牌，是工程机械行业最早推进生产制造智能化的企业。作为国内重型卡车（简称重卡）领导厂商，在其投入生产的三一重卡“超级工厂”中，应用了由 CSG 华晓为其量身定制的由近百台 AGV 组成的解决方案，实现了装配及物料输送的柔性化，有效提升了物料运送、移载等工作的速度和效率，同时避免了人工运输可能造成的物料损坏。三一重卡“超级工厂”如图 4-9 所示。

在重型卡车的生产制造中，如何实现大型设备、工具、物料在车间的柔性输送，一直是汽车制造车间物流的难点，为此，三一集团引入了大型吨位的自动导引车。其主线配备近 50 台大型定制自动导引车，单台承重超过 10 吨，可实现

图 4-9 三一重卡“超级工厂”

1 米/分钟~30 米/分钟的无级变速，350 毫米超低整体底盘，相较传统的拖链装配线具有高度的柔性，同时适应多平台、多轴距车型，是实现装配自动化的基础。同时配备近 40 台 SPS 自动导引车辅助进行同台零件运送，经过零件拣选、同步随行、跟踪装配，拉近了整车与零件的距离，真正实现了零件手边化，节省了装配人员的无效行走时间，极大程度降低了错装率和漏装率。

三一集团的 AGV 监控系统还具有完善的智能设备故障诊断功能。自动导引车在运行中如果出现故障，监控人员能通过 AGV 监控系统查看自动导引车当前的运行状态、运行日志和自动导引车上的人机交互设备。自动导引车运行过程中，通过监控软件可以观察到自动导引车的行驶状态，不同的颜色表示不同的状态。通过目视化管理，有效提高故障诊断水平。当自动导引车出现故障时，只需要将其弹出，主线仍可继续生产。

在现在的汽车制造业中，自动导引车以其灵活性、无人化、智能化等优势，得到了越来越多汽车厂商的认可。自动导引车在汽车生产中主要应用于焊装和零部件总装等领域（见图 4-10），实现了标准化、准时化的车间物流配送，提升了汽车制造业的效益。

3. 自动导引车在港口码头的应用——青岛港前湾港区迪拜环球码头

青岛港前湾港区迪拜环球码头建设有 2 个 10 万吨级和 2 个 3 万吨级集装箱泊位，由集装箱自动导引车进行水平运输作业。集装箱自动导引车的主要功能是完成桥吊和轨道吊的交互。青岛港一期自动化码头中一共用了 38 台自动导引车，其停启位置十分精确，停车误差不超过 2 厘米。码头地面埋设了几万个磁钉，自动导引车的位置由它们记录下来并传给后台，再由软件精确计算行驶路径，防止碰撞和刮擦。

图 4-10　AGV 的应用

青岛港前湾港区迪拜环球码头中的 L-AGV（见图 4-11）采用机会充电模式，在 L-AGV 支架边设有滑触线用于机会充电。L-AGV 在海侧交换区完成一个集装箱交换过程需要约 1 分钟，这段时间可以给 L-AGV 充 3~4 度电，而 L-AGV 的一个作业循环也仅需 3~4 度电，这样充放电基本实现供需平衡。

图 4-11　L-AGV

自动导引车的应用不局限于这几个场景，还可以拓展至更多需要搬运物料的场景。例如，在钢铁厂，自动导引车用于炉料运送，减轻了工人的劳动强度；在核电站或利用核辐射进行保鲜存储的场所，自动导引车避免了工人受到辐射；在胶卷和胶片仓库，自动导引车可以在黑暗的环境中准确、可靠地运送物料和半成品。

第三节　仓储设备的魅力

仓储设备是指在仓库进行相关作业以及保证仓库作业安全所必需的各种机械设备的总称，即完成仓库中接货、理货、集装、堆垛、仓储、搬运、出货等各种物流作业环节的相关机械设备的总称。仓储设备一般应包括仓库、货架、巷道堆垛机等。

一、自动化立体仓库概述

仓库是保管、储存物品的建筑物和场所的总称，现代物流意义的仓库是从事储存、包装、分拣、流通加工和配送等物流作业的场所。仓库作为物流服务的据点，在物流作业中发挥着重要的作用。

仓库的种类多种多样，形态结构各异，服务范围存在较大差异。以不同的标准对仓库进行分类，研究不同种类仓库的特征，从而为不同货物、不同企业选择合适的仓库提供依据。仓库按照库内形态可以分为以下几种。

（1）地面仓库。地面仓库一般是指单层地面仓库，多使用非货架型的保管设备。

（2）货架型仓库。货架型仓库只采用多层货架，在货架上放着货物和托盘，货架分为固定货架和移动货架。

（3）自动化立体仓库。自动化立体仓库是指采用高层货架，配以货箱或托盘存储货物，用巷道堆垛起重机及其他机械设备进行作业，由计算机进行管理和控制，实现自动收发作业的仓库。

按货架的结构形式，自动化立体仓库可分为单元货格式自动化立体仓库、贯通货架式自动化立体仓库、水平/垂直旋转货架式自动化立体仓库、移动货架式自动化立体仓库四种类型。

1. 单元货格式自动化立体仓库

单元货格式自动化立体仓库应用范围比较广泛，主要特点是每一层货架都是由同一个尺寸的货格组合而成的，货架沿仓库宽度方向分为若干排，每两排货架为一组，各组货架之间留有巷道堆垛机进行存取作业所需要的巷道，货架开口是面向巷道的，便于巷道堆垛机行驶和存取货物。单元货格式自动化立体仓库如图4-12所示。

2. 贯通货架式自动化立体仓库

为提高仓库的面积利用率，将货架合并在一起，使同一层、同一列的货物相

图 4-12 单元货格式自动化立体仓库

互贯通，形成沿仓库长度或宽度方向贯通的通道。在这种仓库中，出库作业区和入库作业区分开设置在货架的两端，在通道的一端进行入库作业，由巷道堆垛起重机将货物单元装入通道，货物沿通道移动到通道的另一端。贯通货架式自动化立体仓库如图 4-13 所示。

图 4-13 贯通货架式自动化立体仓库

3. 水平/垂直旋转货架式自动化立体仓库

在水平/垂直旋转货架式自动化立体仓库中，货架可以在水平面内或垂直面内沿环形路线运行，每组货架由若干独立的货柜组成，用链式传送机将货柜串联起来。给出出库指令后，所需的货物所在的货架会自动转到出货口。水平旋转货架式自动化立体仓库如图 4-14 所示。

图 4-14　水平旋转货架式自动化立体仓库

4. 移动货架式自动化立体仓库

移动货架式自动化立体仓库内的移动货架又称动力货架或流动货架。将货架放置在移动导轨上，在货架底部驱动和传动装置的作用下，货架沿着导轨移动，当存取货物时，使相应的货架移动，腾出存取通道，以便进行存取作业。移动货架如图 4-15 所示。

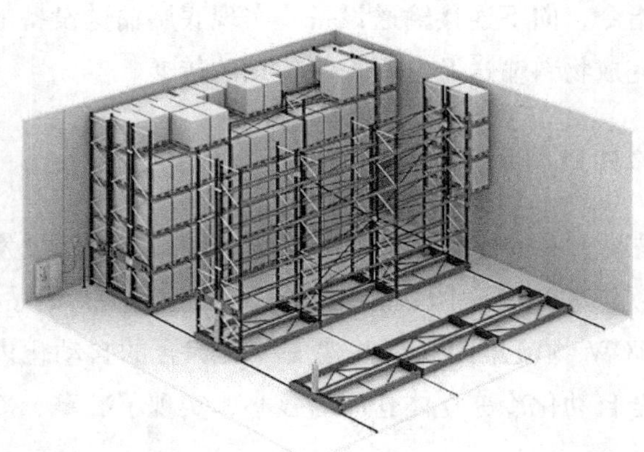

图 4-15　移动货架

二、自动化立体仓库的构成

自动化立体仓库主要包括货物储存系统、货物存取和输送系统、控制和管理系统三大部分，同时还需具有供电、消防、通风、采暖和信息系统等。

1. 货物储存系统

自动化立体仓库的主要存储设备包括高层货架、托盘、货箱和集装箱容器等。货架的材料一般选用钢材。钢制货架的优点是构件尺寸小、制作方便、安装建设周期短，而且钢制货架可以提高仓库的库容利用率。

2. 货物存取和输送系统

货物存取和输送系统的主要作用是完成货物的存取、出入库作业，它一般是由巷道堆垛机、自动导引车、输送机、装卸机械等组成。巷道堆垛机是自动化立体仓库中货物存取的主要设备，它可在高层货架间的巷道内来回移动，其升降平台可上下移动，升降平台上的货物存取装置可将货物存入货格或从货格中取出。

输送机将入库的货物输送到货架巷道口，以便巷道堆垛机将货物存入货格，或将取出的货物转送到货物要出库的位置。通过装卸机械完成入库货物的卸车作业和出库货物的装车作业。

3. 控制和管理系统

自动化立体仓库内所配备的各种存储设备和输送设备必须具有控制装置，用以接收并执行控制和管理系统发来的指令，以实现自动化运转。例如，巷道堆垛机上配备的控制器能够接收控制和管理系统的指令，实现对巷道堆垛机的位置控制、速度控制、货叉控制以及方向控制。

自动控制系统是整个自动化立体仓库系统的核心，向上连接物流调度系统，接受物料的输送指令，向下连接输送设备，实现底层输送设备的驱动、输送物料的检测与识别，完成物料输送及过程控制信息的传递。

三、COOP 集团自动立体冷库的建设

COOP 集团是瑞士零售行业巨头，主要从事食品零售、批发和生产，拥有超过 2400 个零售网点。COOP 集团立志为客户提供最优质、最贴心的服务，为此，COOP 集团委托 TGW 物流集团规划并建成一套综合的自动化内部物流系统，以冷藏物流中心和全自动化冷冻立体仓库为核心，实现了冷藏、冷冻、干货和烘焙产品的自动化存储。

1. 仓库内部物流系统的整体布局

仓库内部的物流系统通过笼车输送线将各个收货区、托盘库、拣选区和发货区串联起来，两栋主建筑大楼由 160 米长的连廊相连，整体布局如图 4-16 所示。

（1）全自动化冷冻立体仓库。这是一个全自动化物流系统，涵盖从拆垛到

穿梭车立体仓库存储，再到机器人拣选的各个流程。其中，穿梭车立体仓库有7个巷道、16层货架、40000多个货位，穿梭车每小时可存取4500个纸箱。

（2）冷藏货物全自动化仓库。这是一个自动化物流中心，由穿梭车系统配合自动化拆、码垛设备，实现奶制品、肉类和鱼类的高效拣选和发货。穿梭车系统所在的穿梭车立体仓库有7个巷道、17层货架、60000个货位，穿梭车每小时存取作业可达6500次。

（3）空包装中心（回收中心）。这是一个自动化回收中心，处理纸板、塑料等空包装的回收。

（4）干货托盘仓库。干货托盘仓库设有4536个托盘货位，存取能力达160托/小时。7个拣选工位进行语音拣选，可同时拣选多个客户的订单。

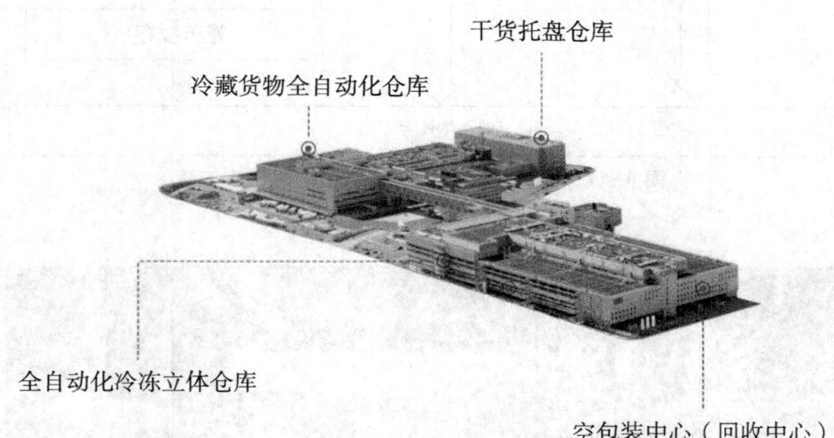

图4-16　仓库内部物流系统的整体布局

2. 全自动化冷冻立体仓库

COOP集团作为食品零售行业巨头，面临的一个重要内部物流问题就是冷冻产品的储存，因此建立全自动化冷冻立体仓库的需求十分迫切。TGW物流集团为其提供了一个完善的冷链解决方案，使得每个系统、每个组件、每个产品都可以在-30℃的环境下完美运行。COOP集团全自动化冷冻立体仓库的进出库流程如图4-17所示。

COOP集团将自己生产的冷冻和烘焙产品存储在-23℃至-5℃的环境下，然后直接送入配置自动拆、码垛机器人的托盘库，该仓库的核心是使用Stingray穿梭车（见图4-18）。

该仓库配置帮助COOP集团实现了最高程度的自动化，它为适合不同的温度区域的产品创造了合适的低温环境，基于“适温存储”的原则，拆、码垛作业区的温度在-5℃至-2℃之间，托盘库和穿梭车立体仓库的温度为-23℃。此外，

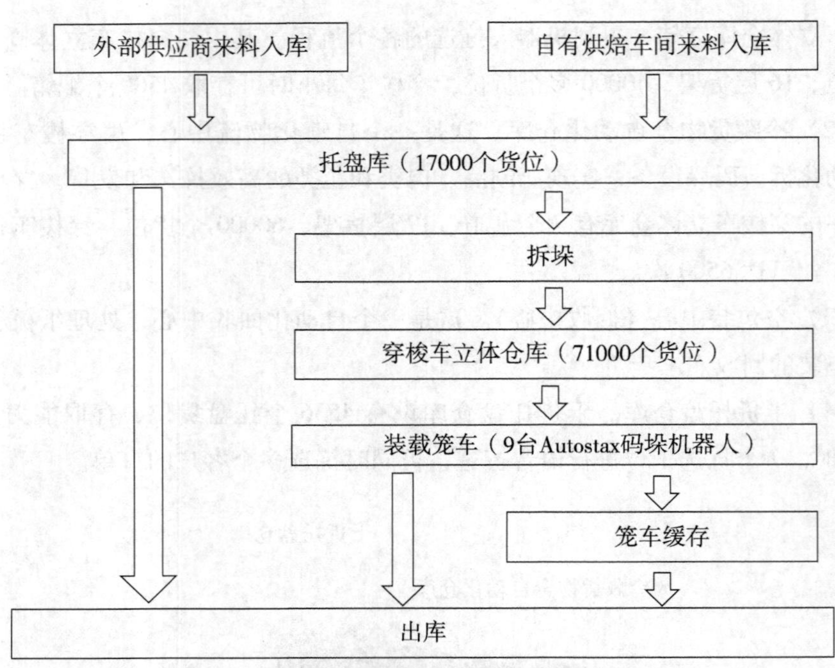

图 4-17　全自动化冷冻立体仓库的进出库流程

图 4-18　Stingray 穿梭车

为防止火灾的发生，仓库内的氧气浓度始终控制在 14%。

入库方面，每天 400 个托盘来自外部供应商，800 个托盘来自 COOP 集团自己的烘焙车间。订单拣选方面，平均每天 55000 件货物，3500 台笼车；高峰时段每天可达 10 万件货物，6000 台笼车。

（1）托盘库。

托盘库的温度为-23℃，有 17000 多个货位、4 个巷道，库内共配置 4 台堆垛机，负责货物的存取，该仓库可以容纳超市所需的两周库存，每小时可存取货 135 次。

（2）全自动拆垛机器人。

为减少低温下的人工作业环节，采用 3 台全自动拆垛机器人进行拆垛作业，在-2℃的温度下，全自动拆垛机器人轻轻抬起纸箱一侧，然后将载货板迅速滑入纸箱下方，从而完成拆垛作业。几乎所有的托盘都是以这种方式实现全自动化拆垛的。只有特别大或包装不当的货物必须人工拆垛。根据货物的垛型不同，每台全自动拆垛机器人的作业效率约为 1800~2800 包裹/小时，3 台全自动拆垛机器人可完成每小时 5400~8400 个包裹的拆垛作业。

（3）穿梭车系统。

穿梭车立体仓库的温度低至-23℃，共 7 个巷道、16 层货架、40000 多个货位。高动态的穿梭车系统可以存储略多于一天的库存。一旦某些产品的库存水平低于最低库存水平，就会自动从托盘库中取出并输送到拆垛区。Stingray 穿梭车的存取速度可达 4500 箱/小时。

（4）冷冻产品全自动混合码垛。

在-5℃冷冻环境下，人工拣选特别困难，因此 COOP 集团选择使用 9 台堆码机器人实现全自动混合码垛。由计算机预先决策理想的堆垛顺序和堆码方式，然后堆码机器人按照正确的顺序将纸箱送入，并按照预先决策的堆码方式进行码垛。1 台堆码机器人只需 40~130 秒就可以装满 1 台笼车，9 台堆码机器人每小时可以自动装载 250~800 台笼车。

COOP 集团的全自动化冷冻立体仓库，从每个细节入手，着眼每个系统、组件和产品，实现节能减排、降本增效。

四、阿里巴巴智慧物流仓库

随着电子商务的飞速发展，我国快递业务量逐年增多，2020 年全国快递业务量已达 830 亿件。虽然快递投送量在飞速增长，但是投送的速度不仅没有变慢，反而大幅提升，这很大程度上依赖于现代物流仓库的超高速存取速度，在物联网技术与智能算法的帮助下，智能仓储设备取代了人力，具备迅速、正确传送物品和信息的功能。下面以位于海宁的阿里巴巴智慧物流仓库为例，欣赏智能仓储设备的美。

1. AR 的魅力

传统的物流仓库采用的是拣货员手持拣货单在库内走动寻找商品的拣货作业模式，这样不仅效率低，且容易出错。在阿里巴巴智慧物流仓库，拣货员只需带上 AR 眼镜，打开操作系统，就可接到源源不断的订单，还可直观看到商品的包装、体积等各种信息，进行快速分类。操作系统会指导工作人员按照最优路线行走，迅速找到货架上的商品，并进行扫描、统计等操作，在所有动作完成后，直接点击出库，货物的出库流程就完成了。AR 拣选如图 4-19 所示。

图 4-19 AR 拣选

2. 圆形的魅力

拣选中心使用了一种由工业机械手和圆形货架组成的智能机械臂拣选系统，可以实现拣选、存储和分拨三种功能。

圆形货架组成了以智能机械臂为圆心，工业机械手臂展为半径的圆周，商品入库之后，可以在圆形货架暂存，每个货品箱都有对应的条码，圆柱体上的智能机械臂根据不同的订单需求，将相对应的货品箱取出，并推送到下一个工作站。智能机械臂拣选系统如图 4-20 所示。

图 4-20 智能机械臂拣选系统

3. 专注的魅力

在辊子输送机中间，站立着若干个机械臂，机械臂把商品从货品箱中拣选出来，放到流水线上，从而实现一个波次拣货的流程。一个波次中，可能包括多个订单，订单中要求的商品数量也不相同，机械臂会把一个波次中的商品一次性拣选出来。吸盘式机械臂利用抽真空的原理，通过吸力将商品取出，再放置到流水线上，反复循环。这些机械臂在工作的时候，会传导出一种沉浸于工作乐趣之中的专注魅力。吸盘式机械臂如图 4-21 所示。

图 4-21　吸盘式机械臂

4. 整齐的魅力

传统的打包方式会因包装的不合理造成包装资源的浪费或包装的破损，通常需应用智能打包技术，订单一来，系统会立刻对商品的属性、数量、重量、体积，甚至摆放的位置进行综合计算，可以迅速地与箱子的尺寸和承重进行匹配，选出大小最合适的箱子进行打包。通过研发的智能打包技术，包装空间会利用得更加合理，箱子会摆放得整齐有序，并且可减少 5%以上的包装材料，达到绿色环保的要求。

第四节　智能设备的魅力

随着电商市场的快速发展，配送在物流中所占的比重越来越大，配送的重要性也越来越突出。配送是指客户通过电商平台购买物品，购买的物品被配送到配送点后，通过一定的运输工具以及签收设备，将物品送到客户手中，实现门到门服务的过程。目前，最后一公里配送服务水平仍有待提升。若主要依靠人力投递，会造成物流配送效率低下，同时订单量较大时，快递员往往不能及时将货物配送至客户指定地点。

目前末端配送车辆以小型车（三轮车）为主，此外，三轮车包括电动三轮车和电动冷藏三轮车等。

随着技术革命、消费升级，传统末端配送模式已无法满足市场的需求，各种新模式崭露头角。智能快递柜凭借取件时间灵活，效率高、成本低以及安全性高等优点受到市场的大力追捧；末端+社区 O2O 多元发展，在各种末端服务探索中，深入社区的商业机构也是嫁接快递功能的最好载体之一。2017 年，“WOWO 便利”与百世集团达成全面战略合作；圆通在上海开设了国内首家“妈妈菁选”便利店；中国邮政也推出了“友邻居便利店”，在提供各种零售服务的同时，承担“最后一公里”配送服务。无人机、机器人等末端配送设备在全行业“多点开花”，智能配送设备在逐步革新传统末端配送模式。

一、智能配送设备的魅力

（一）无人机末端配送

无人机配送快递，即利用无线电遥控设备和自备的程序控制装置来操纵无人驾驶的低空飞行器运载包裹，并将其送达目的地。

近年来，无人机末端配送在物流业开展试行工作，京东、顺丰、苏宁、中国邮政、中通、菜鸟网络的无人机应用均取得一定进展。表 4-1 为几家公司无人机发展现状。

表 4-1　公司无人机发展现状

公司名称	配送范围	技术搭载	现状
亚马逊	亚马逊的物流配送：16km 范围内，根据货物大小，最快 30 分钟送达	八轴无人机可承重超过 2kg	获得批准，但有严格限制条件
顺丰	空载飞行时长为 31 分钟，满载飞行时长为 16 分钟，可在下雨、低温条件下飞行	与极飞科技合作研发，四轴无人机最大挂载 1kg	赣州市南康区空域已获得许可
京东	主要是农村地区，飞行半径 10km~200km 不等，续航可达数小时	“京蜓”自转旋翼无人机，最大商载 120kg	在陕西、江苏、海南、福建等省份进行了物流配送

以顺丰在江西省赣州市南康区开展的无人机物流配送试点为例，江西省赣州市属于丘陵地带，农户居住得较为分散，往往是一个山坳一个村，而且山路崎岖，由快递员开展配送的话，大量的人力和物力都会浪费在路途上。无人机不受地形限制，且飞行路线基本为直线，从现场试点的情况看，平常开车 20 分钟的路线，无人机飞行的话，仅需要 5 分钟，能节省大量的人力和时间成本。以 2018 年 4 月至 6 月数据为例，无人机经营性运输快件 277 件，单次飞行运输成本约 15

元，如果载重量合理分配，预计平均成本小于 5 元/件。同期其地面快件 2054 件，地面运输单票成本约 23 元，较现有无人机单次飞行运输成本高约 53%，是预计平均成本的 4.6 倍左右。

对于快递公司而言，选择无人机末端配送也是控制成本的一种方式。当无人机的运营成本降低后，用无人机派送快件，可以减少人力的使用，降低人力成本、运力成本，提高配送效率，解决快递员递送时遇到的一系列普遍问题，从而提升客户的购物体验和快递的服务质量。对整个物流业来说，未来无人机在物流方面的应用，将会使整个快递业迎来大洗牌，提升整个物流业的运送效率和服务质量，从而进一步促进电子商务活动的发展。

（二）无人配送车末端配送

近年，无人配送车末端配送在物流业开始试行，京东、苏宁、菜鸟网络的无人配送车应用均取得一定进展。表 4-2 为部分公司无人配送车数据。

表 4-2 部分公司无人配送车数据

名称	数据
菜鸟小 G	高 1.2m，单次装载 10 个包裹，充电一次，持续运载 8 小时
京东第五代智能快递车	最大可载重 200kg，可续航 100km
苏宁“卧龙一号”	承担苏宁小店周边社区 3 公里范围内的配送，线上订单 1 小时即时达

无人配送车是自动驾驶技术在物流领域的重要应用，对于促进物流业由劳动密集型向技术密集型转型发展具有重要意义。无人配送车的关键技术包括以下几个方面。

1. 360 度全自动驾驶感知系统

360 度全自动驾驶感知系统可全面感知关键区域中的所有障碍物，并准确预测感知范围内的车辆及行人的运动状态。

2. 融合定位系统

融合定位系统将多种传感器获取的道路特征与高清地图进行比对，获取车辆厘米级位置信息，可使车辆在 GPS 不可用的情况下获得准确定位。

3. 规划决策系统

规划决策系统根据实时城市交通动态信息，生成高效、舒适的动态轨迹，在突发紧急情况下，可保证周边车辆和自车的安全。

4. 仿真云计算平台

仿真云计算平台可以根据实时道路情况生成上万种类似场景，实现每日数万公里的演练，不断提高自动驾驶的场景处理能力。

目前，菜鸟无人配送车已进入数十所高校，高校学生可在物流详情页选择包裹派送地址，选择成功后，菜鸟无人配送车可在指定时间把包裹送达指定地址。这样能够有效减轻快递站点配送压力，提高校园快递配送效率，有效减少取错件、丢失包裹的情况。同时，菜鸟无人配送车可实现无接触配送，每次装运时都会对车体与包裹进行消毒，此外，菜鸟无人配送车还可预约派件，自主选择派件时间，有效节省排队等候时间。

（三）其他无人配送车

1. Gita

Gita 是由意大利比亚乔公司的波士顿快速前沿研发实验室研发的，类似蓝色大球。这款私人货物运输机器人，可以运输重达 40 磅（大约 18kg）的货物，站立高度大约 26 英寸（约 66cm），而其行进的速度跟自行车类似，可以达到每小时 22 英里（约每小时 35km）。Gita 在工程设计上具备足够好的安全性能、刹车制动性能、平衡性能以及汽车的动力学性能。

它还可以自主地勘察周围的道路环境等，跟随用户前进（见图 4-22）。Gita 在意大利语中寓意为“短途的旅行”，它是一个具备交际功能的智能货物运输工具，同时也是人类旅途上一个完美的伴侣。

图 4-22　Gita 自动跟随用户前进

2. Transwheel

Transwheel 快递机器车有自动平衡系统，机器人搬运手持货时能保持直立行驶，单个机器人可运小包裹，而若干机器人组合就能够运送大包裹了。在构想设计中，它还拥有面部识别功能，在交货时确认收货者的身份。Transwheel 快递机器车如图 4-23 所示。

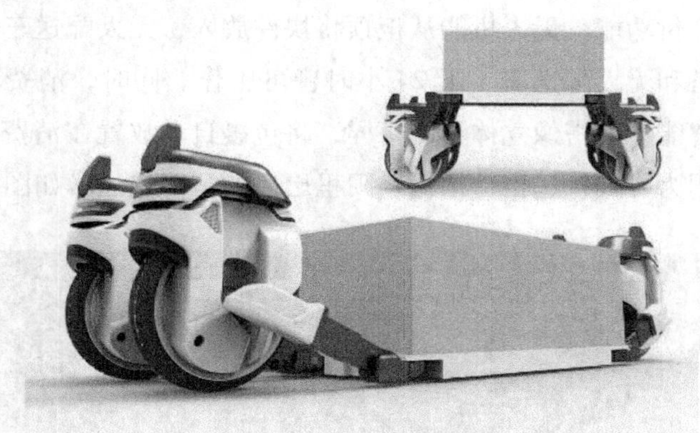

图 4-23　Transwheel 快递机器车

二、智能签收设备的魅力

目前，商品的“最后一公里”配送签收模式主要有三种：送货上门模式、自助收发箱模式、顾客自提站模式。随着智能设备的不断发展，智能快递塔、智能小盒等新的智能签收设备也开始投入使用。

送货上门模式是物流公司根据顾客的需求，将货物送至顾客处，实现门对门的物流服务。送货上门模式适用于订单量较小或人口密度较低的地区。

自助收发箱模式是最近几年新兴的电子商务物流最后一公里配送模式，此种模式中的快递员只需将货物送至指定自助收发箱，由顾客选择自己方便的时间自行提取。丰巢是国内知名的智能快递柜运营商，截至 2020 年 3 月 31 日，丰巢共投入了约 17.8 万个快递柜，柜机市场占有比重约 44%。2020 年 5 月，丰巢和中邮速递易重组后，智能快递柜服务朝着优势资源整合优化的道路阔步前行。

顾客自提站模式也是新兴的电子商务物流最后一公里配送的创新模式，电子商务物流服务提供商通过与便利店、小区物业、超市等机构合作或自建提货点，为一定距离以内的顾客提供到货自提服务。

（一）智能快递塔

智能快递塔采用了八面立体视觉设计，柜机外壁设置超炫 LED 互动屏，增强用户交付体验，提供更多元化且智能的服务。通过对接无人机、无人配送车，实现 24 小时全天候无人传送投递。

以阿里巴巴西溪园区的智能快递塔为例，智能快递塔具备超大容量，可以存储 600~800 件包裹，而且空间可灵活调整，满足人口密集、用地紧张地区的物流需求；其具有批量投递功能，有 16 个投递口，方便快递员批量投递，提高效率；它强化了交付功能，无人机能从柜顶将快件放入，无人配送车也可以与此连接，智能快递塔和无人配送车一天 24 小时皆可工作。同时，消费者能够通过脸部识别取件。智能快递塔像立体车库一样，将包裹自动放置在消费者面前的取物口，消费者不用为寻找快递格口烦恼。阿里巴巴的智能快递塔如图 4-24 所示。

图 4-24　阿里巴巴的智能快递塔

（二）智能小盒

智能小盒是一款手机一键打开、容量自由伸缩、自带摄像头的智能包裹签收器。以菜鸟小盒为例，菜鸟小盒展开后，可以容纳多数标准尺寸的包裹，门前悬挂方式更是简单安全，占用空间很小。智能小盒具有两个独特技术，一是温度自主技术，可调节温度，既能为生鲜产品提供低温冷藏环境，也能保温加热汤汁饭菜；二是安全解锁技术，具有人脸解锁、实时监控等功能。智能小盒如图 4-25 所示。

图 4-25　智能小盒

不论终端消费者在不在家，愿不愿意开门，守在家门口的智能小盒，能够自己收取包裹，实现了最后零米的零距离、零打扰签收。

第五节 物流设备的魅力

近年来，我国物流产业发展迅速，物流设备总体数量快速增长，物流设备在物流的各个环节都得到了一定的应用，无论是在生产型企业的生产、仓储、流通、运输、配送过程，还是在物流中心的包装加工、装卸搬运过程，物流设备都发挥了一定的作用。随着物流环节分工的不断细化，以及以满足客户需求为宗旨的定制化物流服务的出现，新型的物流设备不断涌现，这些物流设备多是为某一物流环节的物流作业、某一专门商品、某一专门客户提供的，专业化程度很高。

一、物流设备的自动化水平和信息化程度得到提高

我国的物流设备在不断进行改变，从 2019 年我国物流设备行业各细分领域增速情况来看，自动化立体仓库、自动导引车、智能分拣设备、智能识别设备和自动感知系统都迎来了快速发展。从近些年物流设备占据市场的比重可以看出，目前我国的自动化物流设备和软件占比达 12%，自动化立体仓库占比达 24%，自动输送设备占比达 20%，由此可以看出物流设备的自动化水平和信息化程度在不断提高。

二、我国物流设备市场活跃

近年来，电商、医药、服装、汽车、家电、新能源、食品、家居建材、烟草、军事等众多领域对物流设备需求旺盛，其特点各有不同。服装行业商业模式变革使得服装企业加速改善流通领域的物流系统；汽车企业在积极探索智能制造，以及供应链上下游物流升级；医药企业物流中心重视引入“货到人”系统；制药企业关注物流自动化、智能化升级；家电企业在加速进行工厂智能物流系统建设；家具制造企业加快物流自动化、信息化、智能化升级；烟草企业新一轮大规模物流系统建设提上日程；电商物流全面进军智慧物流。

三、物流设备功能不断丰富和拓展

近年来，物流设备应用场景不断变化，为了满足多元化的使用需求，物流设备功能不断拓展，集约化、模块化、集成化、柔性化发展趋势日益明显。例如，由于物流中心土地价格不断提高，对作业空间的集约化利用的要求越来越迫切，

以多向穿梭车为代表的物流设备应用愈加广泛。穿梭车配合升降机使用，可以实现全物流空间三维覆盖，满足高密度集约化存储要求，存储空间利用率大大提升。

四、物流设备大型化和高速化

大型化是指物流设备的规模越来越大。我国自主研发的“凯桂”号油轮的最大载重量已达到 32 万吨。“阿尔赫西拉斯”号集装箱货轮的最大运载量为 23964TEU。在铁路货运中出现了能装载 82000 吨矿石的列车。载重量超过 500 吨的载货汽车已研制出来。高速化是指物流设备的运转速度、运行速度、识别速度、运算速度大大加快。2021 年，青岛港自动化码头在“地中海马汀娜”轮作业中，桥吊单机作业效率达到 52.1 自然箱/小时，超越了 2020 年创造的 47.6 自然箱/小时的纪录。2020 年，菜鸟快递包裹的平均送达效率已经达到 48 小时。这些都是物流设备高速化的体现。

五、物流设备集成化

集成化是指物流设备成套、匹配，从而达到高效、经济的要求。物流设备供应商为客户提供一站式的产品方案，通过计算机将各种物流设备集成，基于中央控制室的控制，与物流系统协调配合，形成不同的机种的最佳匹配组合，并根据客户的实际情况，进行一定的定制化服务与进一步优化。这样既增加了产品的附加值，又提升了技术含量，从而增加企业利润。

六、物流设备智能化

智能化是自动化、信息化的更高层次，目前我国物流设备正逐步向智能化方向升级发展，包括智能仓库建设、物流机器人研发等。随着新零售的兴起，引发了物流系统的升级需求，线上线下的全渠道销售模式促使企业变革现有物流系统，并将其逐步向智能化方向靠拢。此外，国家将大力发展人工智能，推广智慧物流的应用，通过物联网、云数据、云计算平台的构建，实现运输、存储、包装、配送等环节的智能化提升。

七、物流设备多样化

为满足不同行业、不同规模客户对不同功能的要求，物流设备向多品种、多方向发展，其服务领域更加广阔。例如，在物流活动中使用最广泛的叉车，按品种分类，可以分为平衡重式叉车、前移式叉车、侧插式叉车、三节门架式叉车等，其中各品种产品又可细分为不同的型号，山东省的著名企业恒基集团就拥有多种不同的车型，以满足不同客户的各种实际需要，也可根据客户的实际情况和特殊要求为其量身定制叉车。此外，其他物流设备，例如运输设备、流通加工设备、装卸搬运设备，也都有按行业、用途、规模等不同标准划分的多种型号。

八、物流设备绿色化

绿色化就是达到环保要求。由于全球环境的恶化和人们环保意识的提高，人们对物流设备提出了更高的环保要求。例如，传统的轮胎式龙门吊起重机采用柴油驱动，对环境会造成污染，目前，码头上已经将柴油驱动改为电力驱动，这样既减少了污染，又节约了成本；京东绿色智能仓库，屋顶采用分布式光伏发电系统，可为仓内的智能机器人以及自动化分拣系统提供清洁能源。

第五章　包装的魅力

包装是指为在流通过程中保护产品，方便储运，促进销售，按一定技术方法而采用的容器、材料及辅助物等的总体名称。

随着市场经济的发展，包装工业得到了相应的重视和发展，包装材料、包装容器、包装设计、包装工业、包装机械、包装理论、包装技术研究和包装教育等都有了较大的进步。在社会生产不断发展，人们生活水平不断提高，对外贸易不断扩大发展的今天，包装工业对国民经济的作用越来越突出，越来越引起各方面的广泛关注。

第一节　包装技术发展历程

包装起源于原始社会后期，当时主要使用的包装材料及容器有植物的茎叶、葛藤、荆条、竹皮、树皮、贝壳、篮、筐、篓等，后来还使用了泥碗和泥罐等。随着人类掌握青铜冶炼技术、铸铁炼钢技术和制漆涂漆技术，出现了青铜容器、铁制容器、涂漆木制容器。约公元前 1500 年，人类制作玻璃的技艺日臻成熟，那时出现了人类历史上第一个玻璃容器，古埃及人还掌握了给玻璃上色的技术。陶瓷、玻璃、木材、金属等包装容器已有千年的历史。造纸术和印刷术的发明、传播，为包装印刷及包装装潢创造了条件。《韩非子・外储说左上》记载的“买椟还珠”故事说明古代的商人就已经意识到产品包装的重要性。从张骞出使西域到郑和下西洋，包装无不在为物品的保存、远距离运输与交换创造条件。

一、包装技术的主要发展阶段

（一）初级阶段

1852 年，美国的沃利发明了第一台制纸袋机，纸袋开始用于包装。1871 年，瓦楞纸作为包装材料开始出现。1895 年，第一只瓦楞纸盒诞生于美国一家工厂。

1892 年，“高露洁”将牙膏首次装入金属软管，并很快被消费者接受。1897 年，美国开始出现经过涂蜡处理的饼干纸板箱包装。1900 年，欧洲开始将马口铁罐用于包装。

1905 年，美国普渡大学专门开始研究木质运输容器，同时，美国还把合成罐用作包装容器。1907 年出现了合成塑料，同年，中国在武汉建立造纸厂。1908 年，瑞士化学家布兰登伯格发明玻璃纸（赛璐玢），开创透明软包装的先河。铝箔连续压延法的应用，促进了铝箔的工业化生产。

1912 年，透明塑料薄膜可由机器连续生产，此外，复合软木塞衬垫作为包装密封材料也被投入应用。1918 年，法国柏拉德教授提出气调贮藏理论，为气调包装打下基础。

（二）发展阶段

1920 年，玻璃纸开始大量用于包装。1922 年，天津第一家机器造纸厂——振华造纸厂正式创建成立，开创了天津机器造纸工业的先河，工厂采用先进的生产设备，主要生产黄版纸。1935 年，美国化学家卡罗瑟斯及其科研小组研制出尼龙，尼龙制成的包装袋具有良好的耐磨性和耐撕裂性。挪威发明家埃里·克罗泽姆发现液体可以盛在有一定空气压力的铝桶中，空气压力增加时，液体就会喷出，于是他在 1926 年向人们展示了喷雾原理。喷雾器压力技术随后在美国市场取得成功。

1933 年，英国 ICI 公司合成聚乙烯，最先用于国防产品包装。1931 年，美国罐头公司开始尝试用罐子来装啤酒。1935 年，首批罐装啤酒开始在美国的弗吉尼亚州上市销售。早期啤酒罐厂商关注的是啤酒罐的耐热性和抗压性，以确保啤酒罐在高温环境中不会爆裂，以及在出厂上架后不会出现泄漏。同年，R·斯坦顿·艾利发明了自粘标签，这种标签背面涂着胶黏剂，使用时可贴附于包装容器的一定部位。

（三）塑料包装兴起阶段

1953 年，美国把铝箔复合纸管和塑料软管用于食品包装。PVDC（聚偏二氯乙烯）涂布膜在美国问世。1954 年，意大利化学家纳塔在前人研究的基础上，以三氯化钛和烷基铝为催化剂，使丙烯在低压下高收率地聚合，生成了 PP（聚丙烯）。聚丙烯薄膜广泛应用于食品包装、药品包装、日用品包装等领域，具有良好的透明性、耐热性、耐化学品性等。

（四）绿色包装阶段

纸质包装的大量使用过度消耗了森林资源，过度使用塑料包装以及塑料包装无法得到恰当处理，会对自然环境造成“白色污染”，这种污染是不可逆的。

1970年，美国各地约2000万人上街游行，呼吁保护地球环境，发起地球日活动，人们开始对绿色包装进行研究。1973年，我国研制成功玉米淀粉黏合剂。1975年，德国首先推出绿色包装标志。1980年，美国、日本大量生产聚酯瓶，并将其用于食品包装。德国政府1996年颁布实施了《循环经济法》，该法律规定，商品生产者和经销商对包装垃圾负有回收和再利用的责任，大大缓解了填埋包装垃圾的压力。

二、我国包装技术的发展

1980年，中国包装技术协会成立。中国于1978年加入世界包装组织（WPO）。1981年，我国研制成功两层共挤PE/PP复合薄膜。1982年，我国在北京举办了第一届全国包装展览会。1984年，中国包装技术协会正式成为国际标准化组织（ISO）包装技术委员会的成员。1990年，日本生产出PA6纳米复合包装材料。1994年，ISO开始制定降解塑料（包装）材料标准，美国开发成功PET/LCP纳米复合包装新材料。1995年，美国Amoco公司开始工业化生产PEN（聚萘二甲酸乙二醇酯）聚酯类新包装材料。

2002年，世界包装组织亚洲包装中心建设领导小组正式成立。2008年，为规范包装行业高新技术研发资金管理，支持包装行业积极开发新产品和采用新技术，促进循环经济和绿色包装产业发展，财政部下发了《包装行业高新技术研发资金管理办法》，明确了研发资金用于支持包装行业高新技术项目产品研发、技术创新、新技术推广等。2007年，中国包装联合会成立钢桶专业委员会。2009年，国务院办公厅发出《关于治理商品过度包装工作的通知》。“2019中国包装容器展”在上海浦东新国际博览中心盛大举办。

目前，我国的商品包装市场采用的包装材料主要为纸质包装材料、塑料包装材料、金属包装材料和玻璃包装材料等。根据中国包装联合会的统计数据，2021年，全国包装行业完成累计主营业务收入12041.81亿元。其中，塑料薄膜制造占29.19%；纸和纸板容器的制造占26.51%；塑料包装箱及容器制造占15.43%；金属包装容器及材料制造占11.5%；塑料加工专用设备制造占7.89%；玻璃包装容器制造占5.9%；软木制品及其他木制品制造占3.59%。

当今的包装材料已经开始进入第三代和第四代材料。第三代材料是指高分子材料，其主要基础是高分子。第四代材料是指复合材料，复合材料通常是由两种或两种以上的材料自由组合成的新材料，比起单种材料，这种复合材料更能够发挥所结合的材料的优点，有效规避单种材料的缺点和不足。目前，复合材料已经开始逐步取代一些金属材料，在汽车运输、飞机运输、装配式建筑构件运输等环节都有所应用。

第二节 纸质包装材料及制品

包装材料是指用于制造包装容器和构成产品包装的材料的总称，包括纸、塑料、金属、玻璃、陶瓷等原材料，以及黏合剂、涂覆材料等各种辅助材料。

为运输、仓储或销售而使用的盛装内装物的容器称为包装容器，它起到盛装、保护内装物的作用。

一、纸质包装材料

物流过程中一般用纸或纸板作为包装材料，纸质包装材料是最早采用的包装材料，也是当前世界各国包装行业用得最广、用得最多的包装材料。纸和纸板一般是按定量和厚度来区分的。

定量在 $200g/m^2$ 以下、厚度低于0.1mm的称为纸；定量超过 $250g/m^2$、厚度大于0.1mm的则称为纸板。但也有例外，如白卡纸的定量可达 $400g/m^2$，已属于纸板的范围，但习惯上还是称为“卡纸”。

纸质包装材料具有独特的优点，其使用完毕之后能在自然条件下降解，无毒无害；质地较为柔软，适合大批量生产，且成本较其他包装材料低廉；具有一定弹性，易折叠，设计形式多种多样；便于印刷和涂装，字迹清晰、图案美观。因此，纸质包装材料广泛应用于机械制造、纺织、医疗、食品、军工等行业产品的包装。

（一）白卡纸

白卡纸是一种平板纸，它表面平滑，质地坚挺，适用于单面彩色印刷。白色挂面纸板如图5-1所示。市场上的白卡纸主要有SBS和FBB两种。SBS一般有两层，100%纯木浆经硫酸盐法分离，漂白制成，印刷适性好，但同等克重条件下，较FBB挺度和厚度差；FBB一般采用面层、底层、芯层的三层结构，芯层为漂白机械浆，面层和底层为漂白化学浆，漂白化学浆表面通常有涂料层，所以背部一般偏奶黄色，其特点是在同等克重条件下，较SBS厚度高、硬度好。

（二）牛皮纸

牛皮纸是坚韧耐水的包装用纸，呈棕黄色，用途很广。牛皮纸一般采用硫酸盐针叶木浆为原料，掺一定比例的其他纸浆制成，表面涂有树脂，耐破度和耐撕

图 5-1 白色挂面纸板

裂度较高；纸面可印制透明花纹、条纹或磨光；未漂浆牛皮纸为浅棕色或纸浆本色。牛皮纸分为 U、A、B 三个等级，常用于制作纸袋、信封、作业本、唱片套等。由牛皮纸制成的纸袋和信封如图 5-2 所示。

图 5-2 由牛皮纸制成的纸袋和信封

（三）普通食品包装纸

普通食品包装纸是以纸浆及纸板为主要原料，需要满足无毒、抗油、防水、防潮等要求，它一般是以 60%漂白化学木浆和 40%漂白化学草浆为原料，并加入额外填料制造而成的。

普通食品包装纸因其与食品直接接触，且其包装物都是直接入口的食品，所以普通食品包装纸最基本的要求是必须符合食品卫生的要求，还必须达到《食品包装纸》（QB/T 1014—2010）中所规定的行业标准。

（四）胶版纸

胶版纸旧称道林纸，主要供平版（胶印）印刷机或其他印刷机印刷较高级彩色印刷品时使用，是适用于印制单色或多色的书刊封面、正文、插页，或者画报、地图、宣传画、彩色商标等的纸。

胶版纸伸缩性小，对油墨均匀吸收、平滑度好，质地紧密不透明，白度好，抗水性能强，印刷图案时一般选用结膜型胶印油墨和质量较好的铅印油墨。此外，胶版纸纤维组成的表面凹凸不平的程度比油墨点的直径大得多，所以一般要经过涂布、压光后，纸张表面的油墨颗粒的直径才小于网点的直径，才能表现出印刷图案的效果。

（五）防锈纸

防锈纸是将防锈原纸涂布防锈剂而制成的，防锈剂会在适当的空间内持续缓慢地从防锈原纸中释放出来，在相对密闭的空间中形成饱和气体层，从而在该环境中的包装物上形成防锈保护层。防锈剂一般有挥发性，为延长其防锈时间，一般将涂有防锈剂的一面直接对着包装物。

（六）瓦楞纸板

瓦楞纸板是由箱板纸和瓦楞芯纸黏合而成的板状物，它由一层波浪形芯纸夹层（俗称“坑张”“瓦楞芯纸”“瓦楞纸芯”“瓦楞原纸”）及一层或多层纸板（又称“箱板纸”“箱纸板”）构成，具有较高的机械强度，能抵受搬运过程中的碰撞和摔跌，如图 5-3 所示。

图 5-3 瓦楞纸板

瓦楞纸板由瓦楞原纸加工而成，是二次加工纸板，主要采用土法草浆和废纸，经打浆制成类似黄纸板的原纸板，再经过机械加工轧成瓦楞状，然后在其表面涂上胶黏剂，并与箱板纸进行黏合。瓦楞芯纸的波纹就像数个拱形门，相互支撑，形成三角形，能承受一定的平面压力且富有弹性，缓冲性能好，能起到防震和保护商品的作用。

瓦楞纸板按结构可分为单面瓦楞纸板、三层瓦楞纸板、五层瓦楞纸板、七层瓦楞纸板等。

（七）蜂窝纸板

蜂窝纸板是根据自然界蜂巢结构原理制作的，它是把瓦楞原纸黏接成数个空心立体正六边形，形成一个整体的受力件——纸芯，并在其两面黏合面纸而制成的一种新型夹层结构的环保节能材料。蜂窝纸板如图 5-4 所示。

近年来，一些国家严格禁止中国商品木箱包装出口，而蜂窝纸板包装箱就成了中国商品出口的理想包装。它的推广应用，一方面可降低商品在流通过程中的破损率；另一方面，取代木箱，利于环保。目前在荷兰、美国、日本等发达国家和地区，蜂窝纸板已成为节省资源、保护环境的一种新型绿色包装材料。蜂窝纸板可用于生产家具骨架、纸箱托、纸箱、纸托盘、蜂窝状缓冲垫、建材夹层板等。

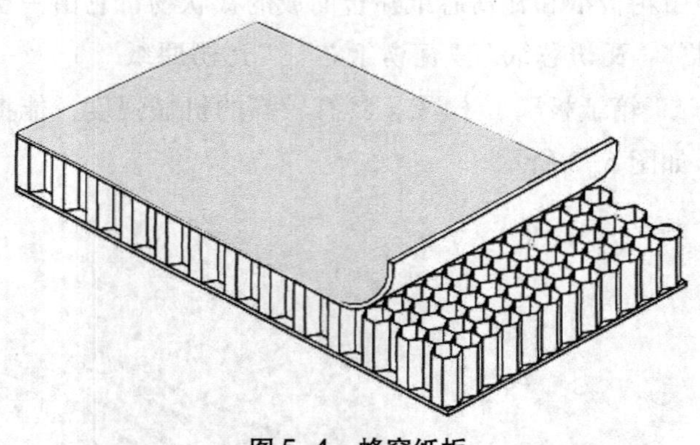

图 5-4 蜂窝纸板

蜂窝纸板的优点是质轻、用料少、成本低；强度高，表面平整，不易变形；抗冲击性、缓冲性好；吸声、隔热；无污染。此外，蜂窝纸板可全部由可循环再生的纸质材料制作，使用后可以百分之百地回收再利用，是一种绿色、节能、环保、高科技的新型包装材料。

二、纸质包装制品

（一）纸盒

1. 折叠纸盒

折叠纸盒是指把较薄（0.3~1.1mm）的纸板经裁切或模切加工后，以折叠的方式成型的纸盒。管式折叠纸盒如图 5-5 所示，盘式折叠纸盒如图 5-6 所示。折叠纸盒成本低，生产率高，适合大中批量及机械化生产，但强度较低，可用于包装质量在 1~2.5kg 的商品。

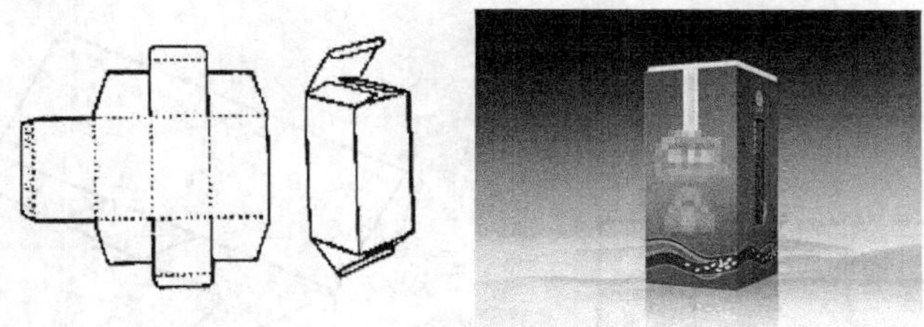

图 5-5　管式折叠纸盒

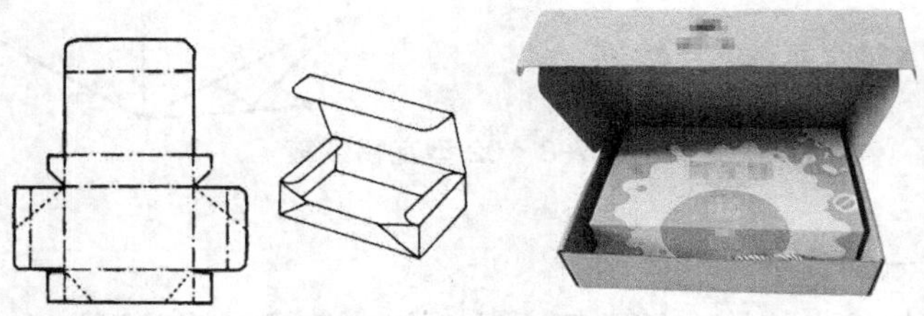

图 5-6　盘式折叠纸盒

2. 粘贴纸盒

粘贴纸盒是指用贴面材料将基材纸板粘贴而成的纸盒，粘贴纸盒刚性较好，堆码强度高，但不适合大批量生产，也不适合机械化生产，不能折叠堆码，流通成本高。粘贴纸盒如图 5-7 所示。

图 5-7　粘贴纸盒

（二）瓦楞纸箱

瓦楞纸箱是物流包装中最重要、应用最广泛的包装容器，其主要箱型有相应的标准，各部分尺寸是有相应比例的，详细见国家标准《运输包装用单瓦楞纸箱和双瓦楞纸箱》（GB/T 6543—2008）。常用的箱型：02 型、03 型、04 型、05 型、06 型、07 型、09 型。

1. 02 型——开槽型

02 型瓦楞纸箱特点：一页成型；无独立上下摇盖；运输时呈平板状。02 型瓦楞纸箱如图 5-8 所示。

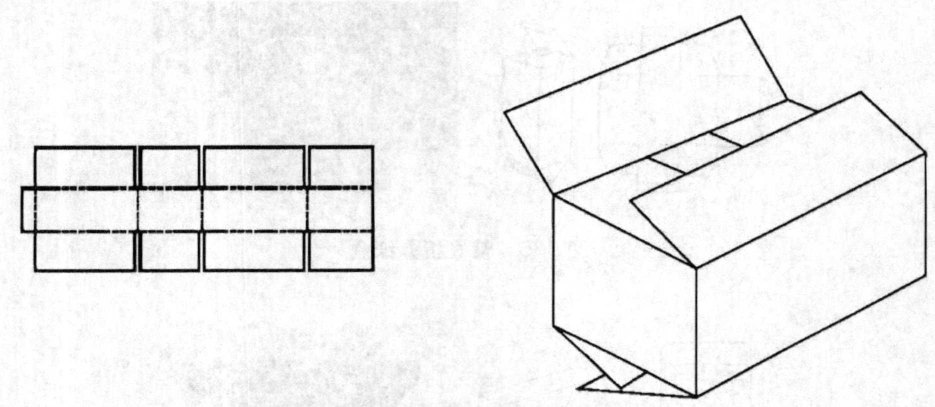

图 5-8　02 型瓦楞纸箱

2. 03 型——套合型

03 型瓦楞纸箱由箱体和箱盖两个独立部分组成，箱盖可以全部或部分盖住箱体。03 型瓦楞纸箱如图 5-9 所示。

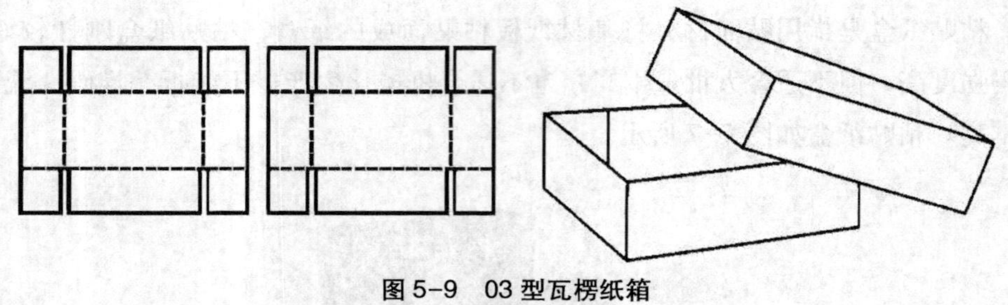

图 5-9　03 型瓦楞纸箱

3. 04 型——折叠型

04 型瓦楞纸箱一般由一片瓦楞纸板构成，无须钉合，折叠即可，类似于纸盒。04 型瓦楞纸箱如图 5-10 所示。

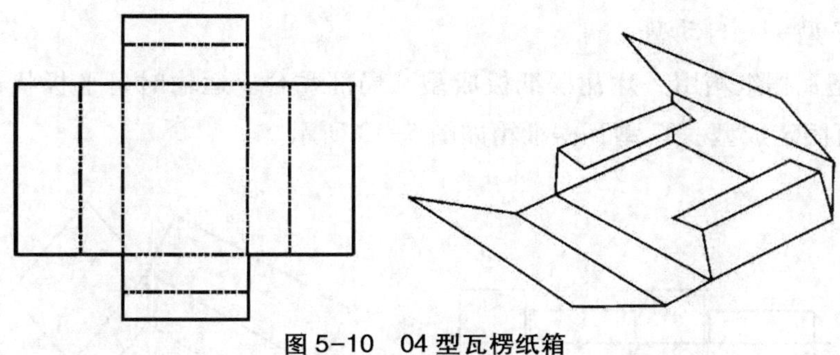

图 5-10　04 型瓦楞纸箱

4. 05 型——滑盖型

05 型瓦楞纸箱由内装箱和外箱组成，内装箱和外箱以相对方向运动套入，类似抽屉。05 型瓦楞纸箱如图 5-11 所示。

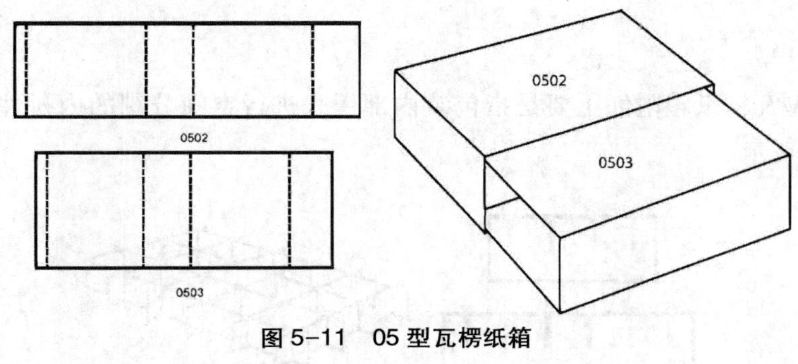

图 5-11　05 型瓦楞纸箱

5. 06 型——固定型

06 型瓦楞纸箱由两个分离的端面和连接着两个端面的箱体组成，使用前要用钉合、黏合等方式将端面和箱体连接起来。06 型瓦楞纸箱如图 5-12 所示。

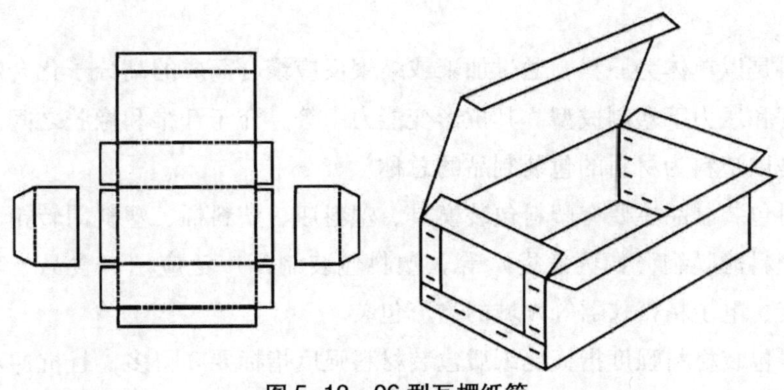

图 5-12　06 型瓦楞纸箱

6. 07 型——自动型

07 型瓦楞纸箱用一片瓦楞纸板成型，局部黏合。运输时呈平板状，使用时打开即可固定成型。07 型瓦楞纸箱如图 5-13 所示。

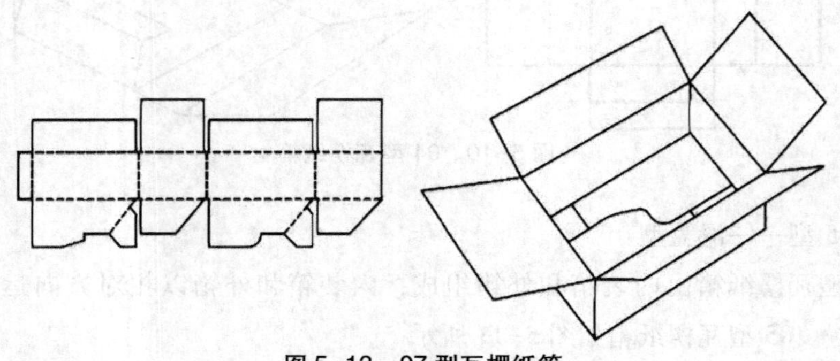

图 5-13　07 型瓦楞纸箱

7. 09 型

09 型瓦楞纸箱附件主要是指包装内部用来进行空间分割的内衬件，具体如图 5-14 所示。

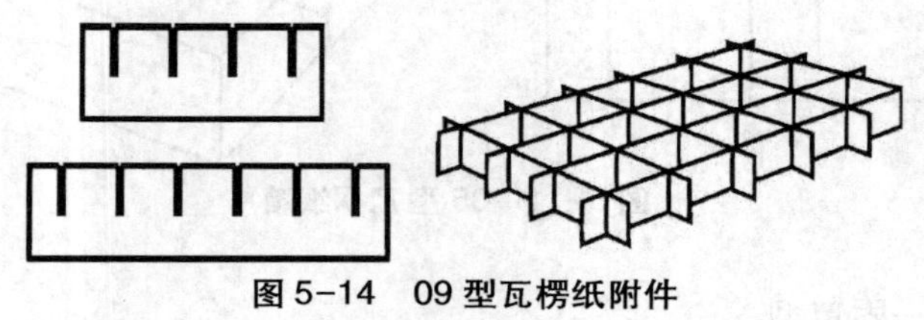

图 5-14　09 型瓦楞纸附件

第三节　塑料包装材料及制品

塑料是以单体为原料，通过加聚或缩聚反应聚合而成的高分子化合物，在一定的温度和压力下塑制成型，其抗形变能力中等，介于纤维和橡胶之间。塑料包装制品是以塑料为材料的包装制品的总称。

塑料包装制品主要有塑料包装模具、塑料瓶、塑料桶、塑料周转箱、塑料编织袋、塑料薄膜袋（如蒸煮袋）等。塑料包装制品广泛应用于食品、药品、文具、服装、电子精密仪器等领域的物流包装。

塑料包装材料强度指标比纸质包装材料强度指标要高得多，且抗冲击性优于玻璃。其特点：①密度小，强度高，可以获得较高的包装得率；②耐化学性好，有良好的耐酸、耐碱特性；③成型容易，所需成型能耗低于钢铁等金属材料；

④加工成本低。但塑料包装材料的耐热性和耐寒性比较差，容易老化，某些塑料包装制品难以回收，容易造成环境污染。

一、塑料的主要成分和塑料助剂

（一）合成树脂

合成树脂是一类人工合成的高分子化合物，是由低分子原料——单体（如乙烯、丙烯、氯乙烯等）通过聚合反应结合成大分子而产生的，兼备或超过天然树脂固有特性，属于高聚物。合成树脂是塑料中最主要的成分，主要起胶黏和连接作用。

（二）稳定剂

在塑料加工中添加稳定剂，目的是防止塑料中的聚合物因发生化学反应而造成塑料老化、变质、损坏等不利影响，延长使用寿命。一般包括热稳定剂、光稳定剂及抗氧化剂等。

（三）增塑剂

增塑剂能降低分子间作用力，使聚合物粘度降低，柔韧性增强，从而在加工过程中更好地塑形。

（四）填充剂

填充剂能提高塑料加工性能、改进物化性质、增加容积、降低成本。填充剂又称填料，能改善塑料某些性能的惰性特质，但不改变塑料的物理性能。

（五）增强剂

增强剂是指为了提高塑料的机械强度而加入的纤维类材料，常用的有玻璃纤维、石棉纤维等。

（六）润滑剂

为了改进塑料熔体的流动性及制品表面的光洁度而加入的物质，称为润滑剂。

（七）着色剂

能使塑料具有色彩或特殊光学性能的物质，称为着色剂。

二、常见的热塑性塑料

（一）聚酯

聚酯是由多元醇和多元酸缩聚而得的聚合物总称，是一种无色透明、极其坚韧的材料，主要品种有聚对苯二甲酸乙二醇酯、聚对苯二甲酸丁二酯、聚芳酯等。在热塑性塑料中，聚酯的机械性能最好，耐寒、耐热性能好，可以在-40℃～150℃的范围内使用。

聚酯包装制品的优点：质量轻，机械强度大，不易破碎，携带和使用方便；透明度好，防潮性、气密性好，能够防止产生异味，耐弱酸、耐弱碱；表面富有光泽，无毒，有良好的保鲜性。

生产聚酯瓶，能量消耗少。废旧聚酯瓶可再生循环使用，聚酯一般用于制作食用油、调味品、药品、化妆品以及含酒精饮料的包装瓶。聚酯符号及包装制品如图 5-15 所示。

图 5-15　聚酯符号及包装制品

（二）聚乙烯

聚乙烯（PE）是乙烯单体经聚合反应制得的一种热塑性树脂，它是产量最大、用量最大的塑料包装材料。聚乙烯符号及包装制品如图 5-16 所示。聚乙烯透湿率低，无臭，无毒，手感似蜡，常温下不溶于一般溶剂，吸水性小，具有优良的耐低温性能，且有较好的耐辐射性和电绝缘性。聚乙烯气密性不良，耐热性较差，强度较低，不耐强氧化剂，而且容易受光热和氧化作用而引起降解反应。聚乙烯可分为高密度聚乙烯和低密度聚乙烯。

聚乙烯可用于制作日常生活中药品、纺织品、化妆品等的塑料容器，也可用于制作塑料气泡膜。塑料气泡膜能包装电子仪器、玻璃制品、家电产品、卫生洁具、灭火器等。

图 5-16 聚乙烯符号及包装制品

（三）聚氯乙烯

聚氯乙烯（PVC）是氯乙烯单体在过氧化物、偶氮化合物等引发剂或在光、热作用下按自由基聚合反应机理聚合而成的聚合物，是产量仅次于聚乙烯的塑料品种，也是价格较便宜的塑料品种之一。聚氯乙烯符号及包装制品如图 5-17 所示。

聚氯乙烯为微黄色半透明物质，有光泽。根据塑料助剂用量不同，分为软聚氯乙烯、硬聚氯乙烯。此外，软制品柔而韧，手感粘，硬制品的硬度高于低密度聚乙烯，而低于聚丙烯，在屈折处会出现白化现象。聚氯乙烯性质稳定，不易被酸、碱腐蚀，对热比较耐受。聚氯乙烯具有优良的机械强度、耐压性、耐磨性、防潮性、抗水性和气密性，并且具有优良的印刷性能和难燃性能。

图 5-17 聚氯乙烯符号及包装制品

（四）聚丙烯

聚丙烯（PP）是丙烯通过加聚反应而成的聚合物，是白色蜡状材料，外观无色半透明，密度较小。聚丙烯符号及包装制品如图 5-18 所示。

聚丙烯在 80℃ 以下能耐酸、碱、盐液及多种有机溶剂的腐蚀，能在高温和氧化作用下分解，其强度和硬度均优于低压聚乙烯。聚丙烯具有极好的抗弯曲疲劳性，但是聚丙烯耐寒性差，耐老化性差，气密性不良，不适宜处于低温环境下。

我国使用聚丙烯最多的是编织袋、包装袋、捆扎绳等产品，约占总消费量的30%。聚丙烯包装制品主要有食品周转箱、密封饭盒等。

图 5-18 聚丙烯符号及包装制品

（五）聚苯乙烯

聚苯乙烯（PS）是指由苯乙烯单体经自由基加聚反应合成的聚合物，它是一种无色透明、类似于玻璃状的脆性材料，无味无毒，聚苯乙烯符号及包装制品如图 5-19 所示。

聚苯乙烯能自由着色，易加工成型，印刷性好，可以制作各种色彩鲜艳的制品；吸水率低，具有较好的尺寸稳定性，而且无延展性。

通常，聚苯乙烯为非晶态无规聚合物，具有优良的绝热性、绝缘性，长期使用温度为 0~70℃，但低温易开裂；耐腐蚀性较好，耐溶剂性、耐氧化性较差。

聚苯乙烯薄膜广泛用于制作食品、医药品等的小型包装容器，如各种一次性塑料餐盒、透明 CD（唱片）盒。

图 5-19 聚苯乙烯符号及包装制品

每个塑料容器都有一个“身份证”，一般就在塑料容器的底部。三角形里边有1位数字，每个数字编号代表一种塑料种类。塑料容器标识，由美国塑料行业相关机构制定。这套标识将塑料辨识码打在塑料容器或包装上，让民众无须费心去学习各类塑料材质的异同，就可以简单地加入回收工作的行列。塑料容器标识符号及其相关说明如表5-1所示。

表5-1 塑料容器标识符号及其相关说明

塑料容器标识符号	塑料容器的材料及用途
1 PET	1——PET（聚对苯二甲酸乙二醇酯）：常用于生产矿泉水瓶、碳酸饮料瓶，耐热性能好
2 HDPE	2——HDPE（高密度聚乙烯）：一般用于生产商场购物袋，不用来单独做容器，一般仅能一次性使用
3 PVC	3——PVC（聚氯乙烯）：一般用于生产硬质购物袋，能用于包装服装，不能用于包装食品
4 LDPE	4——LDPE（低密度聚乙烯）：一般用于制作保鲜膜或其他塑料膜，不能包裹食物加热
5 PP	5——PP（聚丙烯）：可用于生产密封饭盒，是微波炉加热的专用包装，可以重复使用
6 PS	6——PS（聚苯乙烯）：一般用于制作泡面盒、快餐盒，尽量避免盛放滚烫的食物，不能用于微波炉加热
7 OTHER	7——PC及其他类塑料：聚碳酸酯（PC）是被大量使用的一种材料，尤其多用于制造奶瓶、太空杯等，使用时不能加热，不能在阳光下直射

第四节 其他包装材料和木质包装

一、玻璃、陶瓷包装材料

玻璃与陶瓷同属于硅酸盐材料。玻璃包装和陶瓷包装是两种古老的包装方式。早在公元前 15 世纪，埃及人的玻璃生产工艺就已经达到了很高的水平，而中国的夏、商、周时期，就已经使用陶器。时至今日，陶瓷和玻璃作为一种常见的包装材料，仍然广泛应用于各个领域。

（一）玻璃包装材料

1. 钠钙玻璃

钠钙玻璃是主要的玻璃包装材料，主要特点：具有非常好的化学惰性和稳定性，几乎不与任何内容物相互作用；具有很高的抗压强度；具有优良的光学性能，它可制成透明、表面光洁的玻璃包装，也可根据需要制成某种带有颜色的玻璃包装，以避免紫外光和可见光对内装产品的光催化反应；抗冲击强度不高，玻璃表面有损伤时，抗冲击性能再度下降。

2. 强化玻璃

强化玻璃又称钢化玻璃。玻璃的强化技术是根据玻璃的抗压强度比抗拉强度高的原理而设计的。通常使用化学或物理的方法，在玻璃表面形成压应力层，玻璃承受外力时首先抵消表层压应力，从而提高承载能力，增强玻璃自身抗风压性、耐寒性、抗冲击性。

在包装工业中，玻璃主要制成玻璃瓶/罐等包装制品。玻璃瓶/罐能很好保证食物的新鲜度和味道，此外玻璃瓶/罐具有卫生、透明、易于密封、美观、化学稳定性良好、可多次周转使用、原料丰富、价格低廉等优点，玻璃成为食品、医药、化工领域广泛采用的包装材料。玻璃瓶/罐主要有食品用瓶/罐、医药品用瓶/罐、化妆品用瓶/罐、化学试剂用瓶/罐等。

（二）陶瓷包装材料

1. 陶瓷概述

陶瓷是以黏土、长石、石英等天然矿物为主要原料，经过混合、成形、干燥、高温烧制而成的一类无机非金属材料。它具有高熔点、高硬度、高耐磨性、抗氧化性好等优点。

陶瓷包装制品的种类主要有精陶器、粗陶器、瓷器、炻器等。其主要制成的器具有缸、坛、罐、瓶等。陶瓷器具如图 5-20 所示。

图 5-20　陶瓷器具

2. 特种陶瓷

陶瓷还包括金属陶瓷、泡沫陶瓷等特种陶瓷。金属陶瓷是在陶瓷原料中加入金属微粒，如镁、镍、铬、钛等，使制出的陶瓷兼有金属的韧而不脆和传统陶瓷的耐高温、硬度大、耐腐蚀、耐氧化等特点。泡沫陶瓷质轻而多孔，其孔隙是加工过程中加入发泡剂而形成的，泡沫陶瓷如图 5-21 所示。它具有机械强度高、绝缘性好、耐高温等优点。

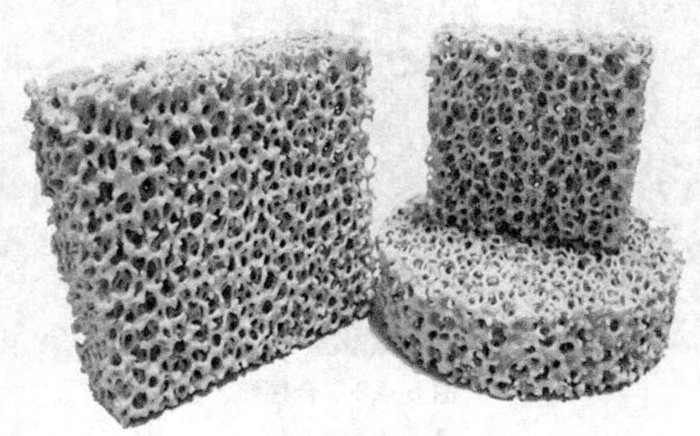

图 5-21　泡沫陶瓷

二、金属包装材料

金属包装材料的制成品有金属罐、金属软管、金属桶、金属箱等，广泛应用于物流包装领域。

1. 金属包装材料的分类

金属包装材料可分为钢系材料和铝系材料两大类。

钢系材料主要有低碳薄钢板、镀锡薄钢板、镀铬薄钢板和镀锌薄钢板等。低碳薄钢板俗称黑铁皮，是无镀层的钢板，分为热轧低碳薄钢板和冷轧低碳薄钢板，厚度一般在0.5~2mm范围内。镀锡薄钢板简称镀锡板，也叫马口铁，是两面镀有纯锡的低碳薄钢板，它是制作食品罐头的主要材料。镀铬薄钢板也称镀铬板，是两面镀有铬的低碳薄钢板，价格比镀锡板低10%左右，是为了节省锡而发展起来的一种代用材料。镀锌薄钢板俗称白铁皮，是在低碳薄钢板上镀一层0.02mm以上的锌层作为防护层，其防腐蚀能力较强。

铝系材料主要有铝合金薄板和铝箔。厚度大于或等于0.2mm的为板材，厚度小于0.2mm的为箔材。金属罐如图5-22所示。

2. 金属包装材料的优缺点

金属包装材料的优点：①机械性能优良，强度高；②具有极优良的综合防护性能；③具有特殊的金属光泽，易于印刷装饰；④加工性能优良；⑤其加工工艺成熟，能实现连续化、自动化生产；⑥原料丰富，生产能耗和成本相对较低。

金属包装材料的缺点：①化学稳定性较差，易腐蚀；②其加工工艺相对复杂；③其加工用料存在一些问题，焊料中含有铅、砷等物质，涂料中的环氧树脂等易渗入内装物中，影响食品质量；④质量较大。

图5-22 金属罐

三、木质包装

木质包装是以木材为原料制成的，用于产品包装的容器。现代木质包装材料一般有天然木板、细木工板、胶合板、密度板等种类，按照被包装货物的体积、质量等参数，在不同的条件下使用，一般适用于机械设备、仪表仪器、建筑材料等货物的包装。

（一）木质包装的优缺点

木质包装的优点：①质量较轻，强度高；②有一定的弹性，能承受冲击和震动；③容易加工，具有良好的耐久性，价格低廉。

木质包装的缺点：①易受环境中温度、湿度的影响而变形、开裂、翘曲，强度受环境影响变低；②易腐朽，易燃，易被白蚁蛀蚀。

（二）木质包装的主要形式

1. 普通木箱

普通木箱通常在载重 200kg 以下时使用，它的载重量相对其他形式的木质包装较小，一般采用轻小型起重设备或人工搬运。普通木箱如图 5-23 所示。

图 5-23　普通木箱

2. 滑木箱

滑木箱是底盘采用滑木结构，侧面和端面采用箱板、箱档制成的木箱，其内装物质量限于 200~1500 kg，外尺寸长、宽、高之和限于 7m，宽、高在 1.5m 以下，主要采用机械搬运，一般用于大件货物的包装，也用于小件货物的集装。滑木箱如图 5-24 所示。

图 5-24　滑木箱

3. 框架木箱

框架木箱的载重量通常大于1500kg。这种木箱一般也要设置滑木，使用机械起吊。框架木箱具有刚度很好的桁架结构，如图5-25所示。

图5-25 框架木箱

4. 木托盘

木托盘是一种以天然木材为原料制成的托盘，用于存储和运输货物。通常为实木制品，在部分起重量不大的场合也有塑料制品。

木托盘在全世界用量最广泛、最多，其特点是价格便宜，抗弯强度大，刚性好，承载能力强；易修补，精确度高，不易变形；用高强度螺钉加固，不会起钉；牢固性好，适用范围广。目前木托盘标准化、通用化程度较高，可以采用装卸机械进行一系列装卸作业，以加快整个物流环节的周转速度，方便运输和存储。木托盘如图5-26所示。

图5-26 木托盘

5. 胶合板箱

胶合板是由木段旋切成单板或由木方刨切成薄木，再用胶黏剂胶合而成的多层的板状材料。胶合板箱是一种外观整洁精致的小型包装箱，自重很小，如图5-27所示。胶合板箱使用起来具有较好的灵活性、适应性，并且能够重复使用，被广泛运用于机械、化工、电子、五金等领域。

图 5-27 胶合板箱

第五节 包装的魅力

现代包装除了满足商品运输过程的要求之外，还兼具使商品对消费者具有吸引力的作用，要体现商品的艺术美，提高商品的档次，使商品具有较高的识别度。商品一般都有自身的包装风格，现代包装有利于商品销售，便于商品流通。

随着市场中商品竞争愈发激烈，出现了一些质量重、体积大、奢华气派的包装，包装材料的成本甚至超过了商品自身的成本，对消费者产生了误导，形成了"美丽的垃圾"，这违背了包装设计的初衷。因此，对于商品包装，在让消费者感受到商品包装内在文化和艺术气息的同时，应提倡绿色包装、简约包装，让包装设计的重点回归到商品包装的原本功能及属性。

一、绿色包装的魅力

依据国际上绿色包装的"4R1D"原则（Reduce、Reuse、Recover、Recycle、Degradable），提倡减少用量、重复使用、资源再生、循环使用、可降解的原则，对生态环境和人类健康负责，并将其贯彻于商品包装的整个生命周期。为了坚持可持续发展，践行绿色环保理念，绿色包装成为行业发展的必然趋势。绿色包装在保护生态环境和人体健康方面具有重要作用，有利于我国资源的可持续发展。

为了响应国家号召，物流、电商企业正在减少一次性包装的使用，并逐步推行“共享型”“可循环使用型”包装的使用。目前，共享快递盒、零胶纸箱、可降解塑料袋等绿色包装已经开始广泛应用。

1. 共享快递盒

2021 年，我国快递发展指数为 1571. 5，快递业务量达 1083 亿件，快递包裹数量占全球一半以上，行业发展稳中有进。伴随着海量的快递包裹，如何降低快递包装成本，如何使快递包装“绿色化”成为人们关注的焦点。“共享快递盒”的出现能在一定程度上解决快递包装浪费资源且污染环境的问题。

共享快递盒是一种采用新型材质，轻便、环保、耐摔、可重复利用的快递盒。共享快递盒为方箱，容积大、形状规则，便于堆码和标准化运输，在客户对快递包裹签收完毕之后，快递员就会将它折叠起来，变成一块塑料板，带回仓库重复使用。据统计，一个共享快递盒的成本约为 25 元，平均每周可循环 6 次，预计一个共享快递盒的使用寿命可达 1000 次以上，单次使用成本约为 0. 025 元。如果电商行业都使用共享快递盒，那么能减少数万吨塑料制品的使用。

共享快递盒可以减少传统纸箱使用量，减少对森林植被的破坏，提高社会资源利用率，节省社会资源。快递企业采用共享快递盒更为绿色、环保，可以与电商企业、消费者形成一个多赢的局面，这为电商行业绿色发展指出了一个方向。

2. 零胶纸箱

零胶纸箱借助物理力学原理，摒弃了各种封箱胶带，快递包装盒完全看不见胶带封箱的痕迹，轻轻掰断盒子两边的封箱扣就能打开包裹。取出寄递物品后，快递员将零胶纸箱折叠好直接回收或者相关企业建立快递盒回收站点回收零胶纸箱。零胶纸箱两端各设置了牢固的一次性封箱扣，能最大程度地保障商品的隐私与安全。不仅如此，封箱扣由环保材料制作，可以实现自然降解，商品取出后，快递盒一般交由快递员折叠带回快递点，再循环入仓。

零胶纸箱表面刚度高、不容易开裂，轻便易用、可循环使用 5 次以上，成品单次使用成本比普通纸箱成本低 15%以上。用户打开零胶纸箱，就跟打开一瓶可乐一样容易，可实现秒开。从仓库包装拣选环节来看，零胶纸箱一扣即锁，减轻包装人员工作量，提升整个物流作业环节的效率。

零胶箱纸的使用，一方面减少胶带使用量，减少环境污染；另一方面，由于零胶带的使用，无须拆快递时必须去除胶带，提升了用户体验。

3. 可降解塑料袋

目前，塑料袋、塑料餐盒、塑料瓶等大量塑料制品广泛应用在我国的商品包装。据不完全统计，2016 年我国全年快递业共消耗超过 100 亿张快递运单，32

亿只编织袋，68 亿只塑料袋，37 亿个包装箱，3.3 亿卷胶带。如果将 3.3 亿卷胶带长度累加，大约能绕地球赤道 425 圈。塑料制品的使用给我们的生活带来很大便利，但同时会给自然环境带来大量的“白色污染”。这种对自然环境的污染是不可逆的，且与我国环境友好型发展策略相悖。

为了降低塑料制品对人体健康及自然环境造成的危害，我国开始提倡使用可降解和可回收的塑料制品，并逐步推进禁止使用不可降解塑料制品的工作，大大减轻了塑料制品对自然环境产生的负面影响。

不可降解塑料袋的主要原料是前文内容中介绍的聚乙烯和聚氯乙烯，因其塑料制品廉价、重量极轻、容量大、便于收纳的优点而被广泛使用。不可降解塑料袋降解周期极长，由于其材质的特殊性，需要大约两百年才可以降解，或是说基本上不可降解，即使降解，也会对土壤造成板结等不良影响。

可降解塑料袋主要有两种，一种为添加淀粉的淀粉填充生物基塑料袋（以淀粉为基础的生物基塑料），一般是改性淀粉与聚烯烃（如 PP、PE、EVA 等）的混合物；另一种为生物降解塑料袋，一般是改性淀粉与生物降解聚酯（如 PLA、PVA、PBS、PHA、PPC 等）的共混物，这两种可降解塑料袋的生产要求需要符合相关国家、行业或企业标准，一般可在一年内分解。可降解塑料袋的使用，将会减轻“白色污染”，保护自然环境。但是生物降解塑料袋成本比较高，对于企业和消费者均是一大挑战。

目前我国正在逐步限制不可降解塑料袋的使用，转而大力推进可降解塑料袋的使用。2020 年 1 月，国家发展改革委和生态环境部印发了《关于进一步加强塑料污染治理的意见》，明确到 2020 年底，直辖市、省会城市、计划单列市城市建成区的商场、超市、药店、书店等场所以及餐饮打包外卖服务和各类展会活动，禁止使用不可降解塑料袋，集贸市场规范和限制使用不可降解塑料袋。不可降解塑料袋的限制使用将极大地减少碳排放量，对于未来可持续发展意义重大。

二、简约包装的魅力

随着中国经济的迅速发展，部分包装设计转向极致奢侈、过分强调外在的观感，而忽视其实质功能。虽然奢华的包装满足了消费者的心理需求，强调了消费者的社会地位，也创造和提高了商品的附加值，但造成了资源的浪费，也违背了包装设计的本意，所以应倡导简约包装。

简约包装不是表面上简单、粗糙、随便地进行包装，而是在内容和结构上通过简而明要的设计，科学、适度、人性化地合理利用包装，同时精准、快速地展现商品，为商品与消费者架起沟通的桥梁，能使消费者快速了解商品。它追求的是最少、最单一的材料，但并不只是用单一的材料将商品包裹，而不追求美感。将简约包装应用到商品包装中并且充分发挥其特性，提升商品品质，让商品包装更具美感，需要精心设计。

外观大方、设计简约是简约包装的重要理念，是商品包装的一种定位规划，同时体现了厂商的品牌理念。简洁的图形设计除去不必要的装饰，纯粹适度的颜色配置充分展现了色彩的语言，简洁清晰的文字信息配合产品标志详尽、具体地展现了商品相关信息，让消费者明明白白，诠释了包装设计的整体简约美。

我国的传统包装历来就有简约、美观的传统。例如，人们端午节都要吃到的粽子，其外包装粽叶就是一个很好的典范。粽叶品种繁多，南方一般以箬叶为主，北方则以芦苇叶为主，是制作粽子必不可少的材料。粽叶气味芳香，且含有大量对人体有益的叶绿素和多种氨基酸等成分，还能起到防腐的作用。粽叶取材过程成本低廉，使用过程对环境友好，装饰造型独特美观，充分体现了我国古人在包装设计中所追求的形式与功能的完美统一，体现了大繁至简的简约魅力。

许多现代大型企业在包装过程中也体现简约包装的理念，例如，某体育品牌的手提式鞋盒，其内部硬纸盒使用100%再生纸支撑，经过精准设计，相比于传统鞋盒，每年能节省超过65%的纸张，60%的水、能源与燃料，既节省资源，又可反复利用，是简约设计的一个典型范例。

在食品包装方面，许多餐饮企业也正将包装朝着简约化的方向进行设计。例如，某快餐企业采用了可一次性打包回家的“一体式”简约外卖包装（见图 5-28），相比过去可以节省 50%的纸质材料。盒身没有过多的无用信息，色彩和盒型非常简约，整个版面干净利落。由于快餐食品通常情况下易烫手，所以设计者考虑到了良好的隔热功能，采用了手持结构，同时侧面为开放式结构，又达到了散热的目的，此款包装具有良好的包容性，看似简单却可以有序放置薯条、汉堡包、可乐和餐筷，体现了简约、时尚、大气和“以人为本”的品牌形象。

简约化包装设计是将材料融入包装造型与结构，在满足包装基本功能的前提下，力求达到合理化与简易化。

首先，包装成本要体现经济性。要以最经济的成本达到包装的目的。包装最根本的目的是保护商品，防止运输、装卸、储存过程中发生损坏或变质。无论哪种商品的包装都要经过合理设计，力求以最精准、最经济的包装，完成对商品的保护。

其次，包装结构要体现合理性。设计过程中应当根据商品特征进行科学、合理的设计，使包装结构具有一定强度，能抵御冲击、挤压、滚动、跌落等风险。

图 5-28 某快餐企业“一体式”简约外卖包装

避免包装件或内装物零部件受力过大，发生位移，而造成结构损坏、变形或断裂等。简约包装需要经过合理的包装性能试验，找到最合理的包装结构，既要保证包装强度，又要提升单位空间所容纳的商品数量。

最后，包装材质要体现环境友好理念。“适度”是简约包装的基本理念。现代包装，在生产、使用、回收过程中都面临如何不污染环境、减少浪费的挑战。现代包装的简约理念，不再是单纯解决生产工艺、先进材料等技术性问题，而是需要全社会凝聚的一种共识，需要人们时刻树立循环的意识和再生的观念，崇尚自然、健康、安全、环保、节能的设计理念。

三、中国传统文化元素包装的魅力

我国拥有五千年灿烂的文明史。中国传统文化源远流长，博大精深。借助相关的设计手法，巧妙地表现中国传统文化的精髓，将中华民族精神元素融入包装设计，这样可以获得令人眼前一亮的视觉效果。

中国传统文化是从多个方面来体现的，其中最重要的是中国传统图案。我国有许多古老的传说、吉祥的纹样、神话故事。吉祥的纹样是我国劳动人民创造的一种美术形式。这些图案有的是对称美，有的是色彩夸张的渲染美，还有的是吉祥物的美等，中国传统图案背后蕴藏着深厚的文化底蕴，经历了历史沧桑变迁的考验，承载着中国传统文化的独特内涵。若能在包装设计中巧妙运用中国传统图案，便可使消费者领略到古代文化的意境和奥妙，从而使消费者更加重视中国传统文化。在包装设计中融入非物质文化遗产元素，不仅可以体现独特的图画艺术，还可以促进中国传统文化代代相传。

目前，在包装领域融入中国传统文化元素最多的是食品包装。我国自古有着“民以食为天”的说法，说明人们注重饮食文化。随着我国解决了温饱问题，饮食文化更是得到了长足的发展，各种关于美食的文章、报道、影视作品层出不穷，食品包装自然也大量地融入了中国传统文化元素。

1. 酒品包装中的中国传统文化元素

中国酒文化是我国特有的餐桌文化，我国许多酒品包装的设计中都蕴含了深厚的中国酒文化底蕴。青花汾酒的包装颜色取自青花瓷的颜色，以深蓝色为主调，展现了汾酒的悠久历史，同时也彰显了汾酒集团“中国酒魂，清香世界”的企业愿景；有些金六福酒品包装的设计采用红黄撞色，以及具有浓厚民俗意义的剪纸画，使之颇具民族特色，充满浓郁的乡土气息；而有些泸州老窖酒品包装的设计则将繁体的“泸州老窖”四个字置于醒目的位置，体现了该品牌久远的历史传承，给人以厚重的年代感。

2. 茶叶包装中的中国传统文化元素

茶叶是茶文化最为重要的载体，同时也是最具有中国特色的商品之一，这为茶叶包装设计师将中国传统图案元素应用到茶叶包装设计环节奠定了坚实的基础。

中国传统水墨画能体现人们对闲情逸致的追求，这与茶文化中所蕴含的潇洒飘逸的意境有很强的相似性，因此中国传统水墨画元素在茶品包装中被广泛使用。西湖龙井是中国十大名茶之一，属绿茶，闻名全国。在某些品牌西湖龙井的茶品包装上，就将江南地区的山水以中国传统水墨画的形式展现在包装纸上；还有一些品牌将西湖风景的诗词、西湖地域的传说等展现在外包装上，营造了西湖龙井的意境。

3. 其他食品包装中的中国传统文化元素

酱菜是我国劳动人民的传统佐餐食品。某品牌酱菜多采用酱菜篓进行包装，先用荆条编结成篓，在篓的内侧、外侧上半部衬以荷叶，再把猪血刷在篓口外侧荷叶的表面，起到防漏、保鲜的作用，用塑料袋将酱菜密封后装入篓内，并在篓口加封一张印有图文的红纸，最后用细绳结扎而成。该包装体现了浓厚的乡土气息，能在广大劳动人民中间产生强烈的共鸣，深受顾客青睐。

蕴含中国传统文化元素的包装，在保证艺术性的同时，还要充分彰显中国传统文化的独特魅力。合理利用具有民族底蕴的中国传统文化元素，既可以使现代包装适应市场经济的发展，又能弘扬中国传统文化。

第六章　条码的魅力

编码是把企业所涉及的无序对象按一定规则进行编号而构成的有序的数据，它是企业集成信息系统的重要基础数据，编码规则的规范性和科学性是直接影响企业能否顺利实施集成信息系统的关键。

唯一性是物料编码最基本的要求，即要求同一种物料，在企业中只能使用一个编码。以计算机为基础的企业集成信息系统可以根据物料编码精准识别这个物料，而不用描述这个物料的任何属性。物料属性作为重要信息，与物料编码相对应，物料编码在企业集成信息系统中出现的地方也会显示物料的名称、规格、制造商等。

20世纪50年代，前苏联的斯．帕．米特洛凡诺夫提出了成组技术（Group Technology）的概念，并在其编写的图书中提到了解决物料管理问题的方法，即根据物料的不同属性划分类别，根据物料的相似属性归类。物料编码的概念随之产生，并为后续条码技术的发展奠定了基础。

条码技术是一种常见的自动识别技术，广泛应用于物流管理、商品贸易等领域。条码作为一种通用的图形标识符，为不同国家的贸易流通提供了便利，极大地促进了经济全球化的发展。条码具有标准化程度高、输入速度快、准确度高、使用成本低、可靠性强和操作简便等优点。

第一节　国内外的发展状况

一、国外的发展状况

1920年，美国的琼斯·兰姆森提出了“零件生产族”的概念。20世纪50年代，卡洛茨（Koloc）教授提出了VUOSO零件分类编码系统，VUOSO零件分类编码系统是一个十进制、四位代码的系统，目前许多现有的零件分类编码系统大体上都是在其基础上演变、发展而来的。VUOSO零件分类编码系统采用了多层次的综合分类标志，减少了分类环节，使系统结构较为简单、紧凑，方便使用。

法国、意大利等国家此时也先后在企业中展开应用，虽然此时的物料编码存在位数少、含义不清的缺点，但是仍然为企业降低了成本，提高了效率，取得了明显的经济效益。

20 世纪 60 年代到 20 世纪 70 年代，成组技术在欧美、日本等发达国家和地区之间传播开来，并且相继得到了一定的发展。成组技术可以将企业生产的多种产品、部件和零件按照特定的相似性准则分类归组，在其基础上组织产品生产的各个环节，从而实现产品设计、制造工艺和生产管理的合理化。

英国的布利希设计了 Brisch 零件分类编码系统。西德阿亨工业大学的奥匹兹教授领导编制了 Opitz 零件分类编码系统，提出了“零件统计学”的概念，利用计算机开发并研制了一套零件分类编组的方法。

20 世纪 70 年代，日本逐步建立了 KK-3 零件分类编码系统。KK-3 零件分类编码系统是一个十进制、二十一位代码的系统。KK-3 零件分类编码系统把与设计检索较为密切的分类环节安排在前面，便于设计部门使用。此时，物料编码的位数开始逐渐增多，其反映的信息量也开始逐渐丰富。

20 世纪 80 年代开始，国际上对物料编码的研究和应用进入了发展的高峰期，各国对于物料编码的研究成果层出不穷，在计算机应用水平比较发达的国家，物料编码系统已经比较成熟，企业对于物料的管理也达到了一定水平，有效控制了成本。

二、国内的发展状况

自物料编码的概念进入我国后，它对我国企业信息化管理产生了深刻的影响。随着我国工业化进程加快，企业的生产能力不断提升。许多企业开始将物料编码系统运用到实际的生产过程中，此外，许多企业还根据各自情况，设计、开发了多种不同的物料编码系统。企业在建立物料编码系统时，要遵循规范性原则、管理性原则、科学性原则、合理性原则、可拓展性原则等。

我国对物料编码系统进行了深入研究，在 Opitz 零件分类编码系统的基础上，建立了机床零件编码法则（JCBM 法则），它既适用于机床行业，也适用于其他机械制造行业，它的主要使用对象是中等及以上规模的进行多品种、中小批量生产的企业。

我国原机械工业部科学技术司在 1982 年 6 月下达了关于组织编制《机械零件分类编码系统》的文件要求。1985 年 9 月，我国原机械工业部发布了《机械零件分类编码系统》（JB/Z 251-85），该标准从 1986 年 3 月 1 日起实施，现已废止。机械零件分类编码系统简称 JLBM-1 系统，它采用十五位码位，可以对待分类的机械零件进行编码，也就是将机械零件的有关设计、制造等方面的信息转译为编码。JLBM-1 系统拥有充足的码位，可以表示机械零件更多的特征内容，然而，这可能导致该系统应用时工作量大、效率低、出错率高。

我国国家标准《标准化工作导则　信息分类编码的基本原则和方法》（GB/T 7027—1986）开启了我国国内信息分类编码工作的新里程，它以科学的角度规范了信息分类编码的基本原则和方法。为适应后续发展的需要，对其进行了修订，该标准现已废止。

我国国家标准《信息分类和编码的基本原则与方法》（GB/T 7027—2002）代替了《标准化工作导则　信息分类编码的基本原则和方法》（GB/T 7027—1986）。在信息编码部分内容上，《信息分类和编码的基本原则与方法》（GB/T 7027—2002）参考了国际技术报告《信息技术——数据交换用数据元素组织与表示指南——编码方法与原理》［ISO/IEC TR 9789：1994（E）］，采纳了其中比较成熟的相关技术内容。

此外，我国在 1988 年成立了中国物品编码中心，这是统一组织、协调、管理我国商品条码、物品编码与自动识别技术的专门机构。2012 年 8 月 7 日，国务院发布《国务院关于深化流通体制改革加快流通产业发展的意见》（国发〔2012〕39 号），提出“推动商品条码在流通领域的广泛应用，健全全国统一的物品编码体系”。

有了国家的支持，不管是信息化程度较高的大型企业，还是处于信息化建设阶段的中小型企业，都逐渐完善了自身的物料编码系统。随着经济的发展，物料编码体系需要与时俱进。

第二节　条码和射频识别技术

条码（Barcode）是将宽度不等的多个黑条和白条，按照一定的编码规则排列，用以表达一组信息的图形标识符。常见的条码是由反射率相差很大的黑条（简称条）和白条（简称空）排成的平行线图案。条码可以表示商品的生产国、制造厂家、种类、名称、生产日期，图书的国际标准书号，邮件的收发地址、邮寄日期等信息，因而在商品流通、图书管理、邮政管理等许多领域都得到了广泛的应用。

条码符号是一种由反射率不同的“条”“空”按照一定的编码规则组合起来的信息符号。因为条码符号中的“条”“空”对光线具有不同的反射率，所以条码扫描器会接收到强弱不同的反射光信号，从而相应地产生电位高低不同的电脉冲信号。条码符号中“条”“空”的宽度决定了电位高低不同的电脉冲信号的长短。通过光电转换得到的电脉冲信号随后会经过放大电放，将其放大。

条码扫描时，要注意将扫描光点调节至合适的大小；条码印刷时，要避免条码边缘模糊不清。经过放大电路放大的电脉冲信号是一种平滑的起伏信号，这种信号被称为“模拟电信号”。“模拟电信号”经过调整后通常会变成“数字信号”。根据码制所对应的编码规则，译码器便可将“数字信号”译成数字、字符信息。条码扫描器利用光电元件将检测到的光信号转换成电信号，电信号再通过模拟数字转换器转化为数字信号传输到计算机中进行处理。

一、一维条码

（一）一维条码的特点

一维条码（又称条码）是由多个黑条（简称条）和白条（简称空）从左到右、交替排列而成的平行线图案，黑条和白条的高度相同、宽度不同，对应字符集的信息，黑条和白条按照特定的编码规则进行排列。

一维条码起源于20世纪40年代，条码技术随之在计算机领域诞生，条码技术是一种自动识别技术，它根据“条”“空”反射率相差很大的特点，能够使条码系统扫描阅读并自动识别条码。1952年，当时还是美国费城德雷克塞尔大学学生的诺曼·伍德兰和伯纳德·西尔弗获得了最初的条码专利权。条码技术直到1966年才被用于商业领域。20世纪70年代至20世纪80年代，条码技术广泛应用于商业商品标识。例如，美国箭牌糖类有限公司就利用条码技术对口香糖进行编码，并将编码后形成的条码印在外包装上。后期条码技术逐渐扩展到其他领域，如邮政、图书管理、仓储、交通等领域。条码技术具有输入速度快、准确度高、成本低、可靠性强等优点。历经时间的检验，一维条码至今仍然活跃在人们的日常生活中。

当今物流业，物流中所涉及的物料流动需要多次信息传递，单靠人力的话，工作量加大，工作效率降低，而且伴随着高出错率。而条码技术经济实用，满足了现代化企业的需求。若想查询物料信息，只需在电脑上轻轻一扫，物料信息就显示出来了。

（二）一维条码的码制

世界上常用的一维条码的码制有UPC条码、EAN条码、Code 39条码和Code 128条码、Code 93条码、交叉25条码、库德巴条码等。

（1）UPC条码。UPC条码是最早大规模应用的条码，它是一种长度固定的连续型条码，主要在美国和加拿大使用，由于其应用范围广泛，故又被称为万用条码。UPC条码仅可用来表示数字，故其字符集为数字0~9。UPC条码分为UPC-A、UPC-B、UPC-C、UPC-D、UPC-E五种版本。

（2）EAN条码。EAN条码是国际通用的符号体系，是一种长度固定、无含义的条码，所表达的信息全部为数字，主要应用于商品标识。

（3）Code 39 条码和 Code 128 条码。这是国内企业内部的自定义码制，可以根据需要确定条码的长度和信息，条码所表达的信息可以包含数字，也可以包含字母，主要应用于工业制造、图书管理等领域，如表示产品序列号、图书或文档编号等。

（4）Code 93 条码。Code 93 条码开始于 1982 年，是基于 Code 39 条码而设计的。相较于 Code 39 条码，Code 93 条码能够编辑更大的字符集，并且拥有更多的数据容量。Code 93 条码可以编辑字母和数字的混合信息，需要两个校验码。Code 93 条码最早应用于加拿大邮政编码补充交付信息，它的密度较高，适用于工业制造领域。

（5）交叉 25 条码。交叉 25 条码也称穿插 25 码，只能表示数字 0~9，长度可变，条码呈连续性，所有黑条和白条都表示代码，第一个数字由条开始，第二个数字由空组成。交叉 25 条码具有校验功能，提高了其可靠性。交叉 25 条码主要应用于商品批发、包装识别等场景，条码识读率高，可用于固定扫描器的可靠扫描，在所有的一维条码中密度最高。

（6）库德巴（Codabar）条码。库德巴条码出现于 1972 年，包含 20 个字符，可表示数字和字母信息，是一种非连续性、非定长的条码符号，主要由数字字符构成，可以进行双轴阅读，应用于仓库、血库管理和航空快递等领域。库德巴条码的每个字符由 4 个黑条、3 个白条组成，其字符集包括数字 0~9、6 个特殊字符、字母 A~D（用作起始符和终止符），且没有规定的校验码。库德巴条码错误率低、易印刷、使用方便。

（三）一维条码的应用

1. EAN-13 条码

EAN-13 条码是国际通用的符号体系，是一种长度固定、无含义的条码，所表达的信息全部为数字，主要应用于商品标识。EAN-13 条码的结构示意如图 6-1 所示。

图 6-1　EAN-13 条码的结构示意

EAN-13 条码由左侧空白区、起始符、左侧数据符、中间分隔符、右侧数据符、校验符、终止符、右侧空白区及供人识别字符组成。EAN-13 条码的部分构成示意如图 6-2 所示。

左侧空白区	起始符	左侧数据符	中间分隔符	右侧数据符	校验符	终止符	右侧空白区

图 6-2　EAN-13 条码的部分构成示意

（1）左侧空白区。左侧空白区位于条码符号最左侧、与白条的反射率相同的区域，其最小宽度为 11 个模块宽。

（2）起始符。起始符位于左侧空白区的右侧，是表示信息开始的特殊符号，由 3 个模块组成。

（3）左侧数据符。左侧数据符位于起始符的右侧，是表示 6 位数字信息的一组条码字符，由 42 个模块组成。

（4）中间分隔符。中间分隔符位于左侧数据符的右侧，是平分条码字符的特殊符号，由 5 个模块组成。

（5）右侧数据符。右侧数据符位于中间分隔符的右侧，是表示 5 位数字信息的一组条码字符，由 35 个模块组成。

（6）校验符。校验符位于右侧数据符的右侧，是表示校验码的条码字符，由 7 个模块组成。

（7）终止符。终止符位于校验符的右侧，是表示信息结束的特殊符号，由 3 个模块组成。

（8）右侧空白区。右侧空白区位于条码符号最右侧、与白条的反射率相同的区域，其最小宽度为 7 个模块宽。为保护右侧空白区的宽度，可在条码符号右下角加“>”符号。

（9）供人识别字符。供人识别字符位于条码符号的下方，是与条码字符相对应的供人识别的 13 位数字，最左边一位称为前置码。供人识别字符优先选用 OCR-B 字符集，供人识别字符顶部和条码符号底部的最小距离为 0.5 个模块宽。供人识别字符中的前置码印制在条码符号起始符的左侧。

EAN-13 条码主要应用于零售商店，如超级市场。在日常生活中，我们随意从零售商店里购买的商品的包装上都可以看到 EAN-13 条码，它是比较常见的。目前，国际物品编码组织（GS1）已将 690 至 699 之间的前缀码分配给中国物品编码中心使用，通常以这些前缀码开头的商品条码都是由中国物品编码中心负责分配和管理的。在日常生活中，我们最常见的前缀码的范围为 690~693。以 690、

691 开头时，厂商识别码为四位，商品项目代码为五位；以 692、693 开头时，厂商识别码为五位，商品项目代码为四位。

2. 图书条码

图书条码又称国际标准书号（International Standard Book Number，ISBN），是国际通用图书或独立出版物（除定期出版的期刊）的代码。出版社可以通过国际标准书号清晰地辨认所有的非期刊书籍。一个国际标准书号只有一个或一份相应的出版物与之对应。

2007 年 1 月 1 日以前，一个国际标准书号由标识符 ISBN 和 10 位数字组成，其中，10 位数字又分为四个部分：组号、出版者号、书名号和校验码。自 2007 年 1 月 1 日起，一个国际标准书号由标识符 ISBN 和 13 位数字组成，即在原来的 10 位数字前加上了 3 位 EAN · UCC 前缀码。

978 和 979 都是国际物品编码协会分配给图书的专用前缀码，以前使用 978，现在基于 978 的编码资源已近枯竭，于是开始启用 979。采用 ISBN 编码系统的出版物有：图书、小册子、缩微出版物、盲文出版物等。

国际标准书号也可简称 ISBN 编号，它的各部分编码长度不一，但是编码总长度恒定。编码规律是一部分编码由小至大变化，而另一部分编码由大至小变化，这样编码长度大、小镶嵌，保证了编码长度的稳定性。出版者号与书名号之间的结构如图 6-3 所示。

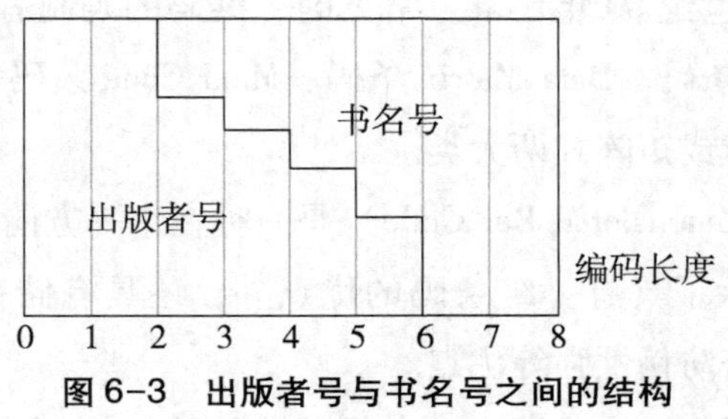

图 6-3　出版者号与书名号之间的结构

图书条码如图 6-4 所示。如前文所述，组成国际标准书号的 13 位数字中，前 3 位数字是 EAN · UCC 前缀码，说明国际标准书号是经由国际认证的标准编码；中间 9 位数字可分为三组号码，分别为组号、出版者号、书名号，组号、出版者号和书名号的长度是可变的；最后 1 位数字是校验码，它采用模数 10 的加权算法计算得出，旨在防止因抄写不正确而导致的错误，进而提高准确性。

图 6-4　图书条码

组号又叫地区号，最短为 1 位数字、最长为 5 位数字。它由国际 ISBN 管理机构分配，中国的组号为“7”。

出版者号有时也称出版社代码，由所辖地区 ISBN 管理机构分配，按出版量越大、出版者号越短的原则分配。

书名号是图书书名的代号，是由出版者按出版物的出版次序管理和编制的。书名号的长度根据其前面的组号和出版者号而定，也就是说，组号、出版者号、书名号这三组号码的总长度是一定的，为 9 位数字。若出版社的规模越大，其出版的图书越多，则书名号越长。

以 ISBN 978-7-302-02204-6 为例，其所代表的含义：“978”为国际物品编码协会分配给图书的专用前缀码；“7”是中国的组号；“302”代表清华大学出版社；“02204”为书名号；“6”是校验码。

二、二维码

（一）二维码的简介

一维条码所携带的信息有限，如 EAN-13 条码仅能容纳 13 位数字，更多的信息只能依赖商品数据库的支持，离开了预先建立的商品数据库，这种条码就没有意义了，因此，这种条码的应用范围在一定程度上受到了限制。国外对二维码技术的研究始于 20 世纪 80 年代末。常见的二维码的码制有 PDF417 条码、Code 49 条码、Code 16K 条码、Data Matrix 条码、Maxi Code 条码等。二维码主要分为堆积或层排式、棋盘或矩阵式两大类。

二维码（Two-dimensional Bar Code）是一种在水平方向和垂直方向均带有信息的条码。二维码除了具有一维条码的优点外，还具有储存信息量大、耐损性强、可靠性高、保密防伪性强等优点。

二维码巧妙地利用了构成计算机内部逻辑基础的“0”“1”比特流的概念，按照一定的规律，在平面上分布出若干个与二进制相对应的几何图形。二维码能够在横向和纵向两个方位同时表达信息，因此能在很小的面积内表达大量的信息。二维码扫描设备可以自动识读二维码展现的机器二进制语言，并自动处理成可供人识读的信息。

20 世纪 40 年代，美国工程师乔·伍德兰德和伯尼·西尔沃开始研究如何用条码表示食品以及相应的自动识别设备。20 世纪 90 年代，一家日本汽车零件厂商为了优化生产流程、追踪汽车零件，开发了一种新型条码。

我国对二维码的研究始于 20 世纪 90 年代初期，在国家的大力支持下，中国物品编码中心不断地对其进行研究与创新，扩展了二维码的使用范围，如今二维码不仅应用于企业生产，还应用于日常生活。二维码的使用场景有手机支付、产品推广、票务销售等。

PDF417 条码是一种高密度、高信息含量的“便携式数据文件”。组成 PDF417 条码的每一个条码字符由 4 个“条”和 4 个“空”共 17 个模块构成，故称为 PDF417 条码。PDF417 条码需要用具有解码功能的条码阅读器识别。PDF417 条码是由美国讯宝科技公司开发的堆叠式二维码，它是一个多行、连续、可变长、包含大量数据的符号标识。每个 PDF417 条码有 3~90 行，每一行有起始部分、数据部分和终止部分，它的字符集包括 128 个字符，它的最大数据容量是 1850 个字符。PDF417 条码最大的优势在于其庞大的数据容量和极强的纠错能力。PDF417 条码主要应用于医疗、驾驶、物料管理、货物运输等领域。当 PDF417 条码受到一定破坏时，纠错能力能使其被正确解码。

美国一些州的驾驶证、身份证等已采用了二维码技术。将证件上的个人信息及照片制作在二维码中，不但可以实现证件的自动识读，而且可以有效防止证件伪造、冒用。菲律宾、埃及等国家也在身份证、驾驶证等证件上采用了二维码技术。另外，通过使用二维码技术，不仅可以解决海关报关单、长途货运单、税务报表、保险登记表等表单的数据输入、删改问题，还可以实现二维码防伪。在移动互联网快速发展的今天，二维码在我国蓬勃发展、应用广泛。

（二）二维码的分类

二维码按照结构可以分为堆叠式二维码和矩阵式二维码。

1. 堆叠式二维码

堆叠式二维码是将一个或多个一维条码，按照上下排列的方式，堆积成多行的二维空间条码，堆叠式二维码如图 6-5 所示。除了图片、文字等常规信息以外，还可以对声音、签字、指纹等进行编码，所以堆叠式二维码主要应用于防伪、电子监管等领域。有代表性的堆叠式二维码有 Code 16K 条码、Code 49 条码、PDF417 条码等。

图 6-5　堆叠式二维码

2. 矩阵式二维码

矩阵式二维码通过在一个矩形空间内分布黑、白点来进行编码。在相应位置上，用黑点表示二进制“1”，用白点表示二进制“0”，点的排列组合确定了矩阵式二维码所代表的意义。矩阵式二维码是建立在计算机图像处理技术、组合编码原理等基础上的一种新型图形符号自动识读处理码制。矩阵式二维码如图 6-6 所示。

图 6-6　矩阵式二维码

矩阵式二维码已经从传统的零售业渗透到制造业、运输业，并且在电子商务、社交媒体等领域被广泛应用。人们日常生活中使用的微信支付、名片识别、网址识别等许多手机 App 的功能，都是基于二维码技术。

矩阵式二维码的主要优点：①存储大量数据；②实现小空间打印；③有效处理各种文字；④适应轻微脏污、破损；⑤360°读取；⑥支持数据合并。然而，有些企业的业务不需要矩阵式二维码，因而不需要耗费编码精力。

二维码技术作为一种新的信息存储和传递技术，受到了国际社会的广泛关注。经过不断的努力，二维码技术现已被应用在国防、公共安全、交通运输、医疗保健、金融、海关及政府管理等领域。

三、射频识别技术

射频识别（Radio Frequency Identification，RFID）技术是一种自动识别技术，基于无线射频方式进行非接触双向数据通信，并对记录媒体（电子标签或射频卡）进行读写，从而达到识别目标和数据交换的目的，它被认为是 21 世纪最具发展潜力的信息技术之一。射频识别技术的应用非常广泛，典型的应用场景有高速公路自动收费、智能制造、智慧医疗、电子票证、资产管理、动物追踪管理、物流配送、图书管理、零售管理、防伪溯源。

（一）基本原理

读写器发射天线将特定频率的无线电载波信号发送出去，当电子标签进入读写器发射天线的工作区域时会产生感应电流，从而获得能量被激活，将自身编码等信息通过其内置天线发送出去；读写器接收天线经天线调节器接收电子标签发送来的无线电载波信号，读写器对此信号进行解调和解码，通过通信网络传输到装有射频识别系统软件的计算机进行处理；装有射频识别系统软件的计算机根据逻辑运算判断该电子标签的真伪，针对不同的设定做出相应的处理和控制，发出指令信号控制操作器的运作；通过计算机网络实现多点监控，搭建总控制信息平台，根据不同的项目要求，设计不同的软件，实现不同的功能。

射频识别系统由硬件和软件两部分组成。射频识别系统的硬件由电子标签、读写器、计算机和通信网络组成。

1. 电子标签

电子标签也称应答器，是一个微型的无线收发装置，主要由内置天线和芯片组成。芯片中存储着能够识别目标的信息，当读写器查询时，电子标签会发送数据给读写器。

2. 读写器

读写器的功能：一是发送和接收功能，用来与电子标签和分离的单个物品进行通信；二是对接收信息进行初始化处理；三是连接计算机网络，将信息传送到数据交换与管理系统。读写器控制模块的主要功能：①与应用系统软件进行通信；②执行从应用系统软件发来的动作指令；③控制与电子标签的通信过程；④信号的编码与解码；⑤对读写器和电子标签之间传送的数据进行加密和解密；⑥进行读写器与电子标签之间的身份认证；⑦对键盘、显示设备等其他外部设备进行控制。读写器天线（包括读写器发射天线和接收天线）是一种以电磁波形式把前端射频信号功率接收或发送出去的设备，是电路与空间的界面器件，用来实现波能量的转化。在射频识别系统中，天线分为电子标签内置天线和读写器天线两大类，承担接收能量和发送能量的作用。根据电子标签到读写器之间的通信和能量耦合方式，射频识别系统一般可以分为电感耦合方式和反向散射耦合方式。电感耦合方式是通过空间高频交变磁场实现耦合，依据的是电磁感应定律。反向散射耦合方式则和雷达原理类同，发送出去的电磁波碰到目标后反射，同时携带回目标信息，依据的是电磁波的空间传播规律。

3. 计算机和通信网络

装有射频识别系统软件的计算机和读写器控制模块进行通信，控制读写器的读写。通信网络包括有线、无线网络和读写器控制模块与该计算机连接的串行通信。总的来说，由于覆盖范围、传输速率和用途的不同，无线网络可以分为无线广域网、无线城域网、无线局域网、无线个域网和无线体域网。

（二）特性

通常来说，射频识别技术具有如下特性。

（1）适用性。射频识别技术依靠电磁波，并不需要双方的物理接触。这使得射频识别技术能够无视尘、雾、塑料、纸张、木材以及各种障碍物建立连接，直接完成通信。

（2）高效性。射频识别系统的读写速度极快，一次典型的RFID传输过程通常不到100毫秒。高频段的RFID阅读器甚至可以同时识别、读取多个标签的内容，极大地提高了信息传输效率。

（3）独一性。每个RFID标签都是独一无二的，通过RFID标签与产品的一一对应关系，可以清楚跟踪每一件产品的后续流通情况。

（4）简易性。RFID标签结构简单，识别速率高，所需读取设备简单。随着近场通信（NFC）技术在智能手机上的逐渐普及，每个用户的智能手机都将成为最简单的RFID阅读器。

（三）射频识别技术在物流领域的应用

在现代物流采购、仓储、配送等环节中，存在着订单填写方式不规范、库存统计不准确、清点货物效率低、人员成本高等问题，将射频识别技术融入现代物流各环节之中，可以使这些问题在一定程度上得到缓解。目前，射频识别技术在物流配送中心的具体应用主要分为以下三个方面。

1. 货物的入库与检验

将货物贴上RFID标签后，在该货物进入物流配送中心时，入口的RFID阅读器会对货物上面的RFID标签进行自动识别，并将识别后的数据输送到后台数据库，通过相关软件对后台数据库中的库存数据进行实时更新。

2. 库存数据的及时更新

在射频识别系统中，可以实现后台数据库与实际库存的密切联系，当实际库存出现变动之后，后台数据库内的库存数据会随之更新，避免了人工录入和登记环节，实现账面数量和实物数量实时对应，降低错误率。

3. 货物出库运输

在射频识别系统中，货物出库运输实现了自动化运输，在货物离开物流配送中心时，设置在出口的RFID阅读器可以对RFID标签上的信息进行识读，省去了扫描步骤，这样便能将货物直接送至零售商。

第三节　编码的应用

条码技术在物流系统中的应用，使传统物流业的运输配送过程变得更加简单，工作效率得到了很大程度的提升，整个系统能从一个全新的高度对各种信息的流动进行有效管理，完成了物流、信息流、资金流、增值流、业务流的协调和控制以及贸易伙伴关系的维护。条码技术不仅使贸易伙伴之间密切合作，还在信息共享中充当了极其重要的角色。

一、 定制类生产企业编码方案

定制类生产企业按照顾客需求进行生产，以满足网络时代顾客的个性化需求。由于消费者的个性化需求差异较大，加上消费者的需求量较少，因此企业在供应、生产和配送等各个环节上实行定制生产时，都必须适应这种小批量、多式样、多规格和多品种的生产和销售变化。

在物料种类极少的工厂，是否有物料编码都无关紧要，但在有数百种或数千数万种物料的工厂，物料编码就显得格外重要了。此时，物料的领发、验收、采购、盘点等工作极为频繁，而借助物料编码，各部门可以提高效率，各种物料资料传递迅速，意见沟通也变得更加容易。实施物料编码是企业对物料进行科学有效管理的依据，物料编码是企业最重要的基础数据。

物料编码的对象主要包括工艺设计中产生或涉及的物料，物料编码用简短的字符串或数字来标识物料，实现对物料的准确识别。规范化的物料编码便于对物料进行高效、有序的管理，物料编码要遵循简明性原则、唯一性原则、完整性原则、可扩展性原则和规范性原则等。不同类型的生产企业要采用不同形式的物料编码方案，以适应企业生产需要。

在该类企业中，绝大多数机械的生产模式多为按订单生产，客户根据需求进行下单，企业按照订单准备所需物料，并根据客户要求的规格标准进行生产，而客户需求量、客户要求和产品种类通常是不固定的。典型的定制类产品有检测仪器、教学设备、制造加工设备等。

以下为某定制类生产企业（生产机电设备）的物料编码规则。

为了方便计算机管理和人工处理，物料编码采用英文字母和数字表示，数据编码中推荐使用的字符为 A~Z、0~9 和连接符，禁止使用分号（;）、逗号、空格、全角字符。采用分段码的方式来表示物料，采用类别码+特征码+修饰码+流水码的结构来表示该物料的唯一编码。

（1）类别码。分级别表示物料的所属分类。

（2）特征码。提取物料的主要特性参数标示该物料，例如，对于系列电气元件或仪表元件，一般提取物料的部分规格信息作为特征码，对于其他无参数描述的物料，可用顺序号表示。

（3）修饰码。修饰码是类别码、特征码和流水码之间的分隔符，不具有信息价值。

（4）流水码。在相同类别和主要特征信息的情况下，流水码用于区别物料的顺序号。

根据实际编码对象的种类和特点，并考虑企业发展后的扩充需要，合理设计相应的编码长度和规则。企业的六级物料编码模型如图 6-7 所示。

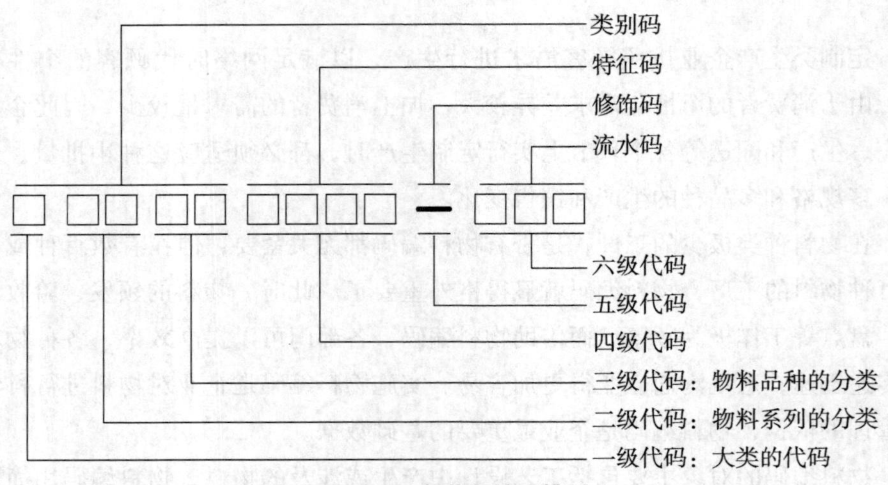

图 6-7　六级物料编码模型

按照大类分类，综合考虑企业现有的各种物料的不同性质和属性，可分成以下大类（一级代码可以考虑用一个大写英文字母表示）。

（1）办公类（B）。办公类包含企业日常所使用的办公用品，如签字笔、胶带、纸张等。

（2）电气类（D）。电气类包含产品中所用的一切电气元件。

（3）辅料类（F）。辅料类包含企业装配产品时所用的辅料，如螺丝、双绞线、端子等。

（4）柜体类（G）。柜体类包含成套电器产品的低压柜、高压柜、控制箱、照明箱等。

（5）仪表类（Y）。仪表类包含产品需要使用的仪表。

（6）自动化类（Z）。自动化类包含产品需要使用的西门子、ABB、施耐德电气等品牌的控制模块。

每个大类都有各自的包含范围，一个物料绝对不允许同时出现在两个大类中。例如，物料编码 D1CAC180V-007 可以分级表示为电气类、接触器、交流接触器，其特征码为 180V（代表 180V 电压），流水码为 007。

根据物料编码方案建立物料编码规范，引导编码人员树立正确的编码观，防止出现重码或一物多码的错误，以保证物料编码的正确性、唯一性和科学性。通过调用编码导航，生成新的物料编码。物料编码模块流程如图 6-8 所示。

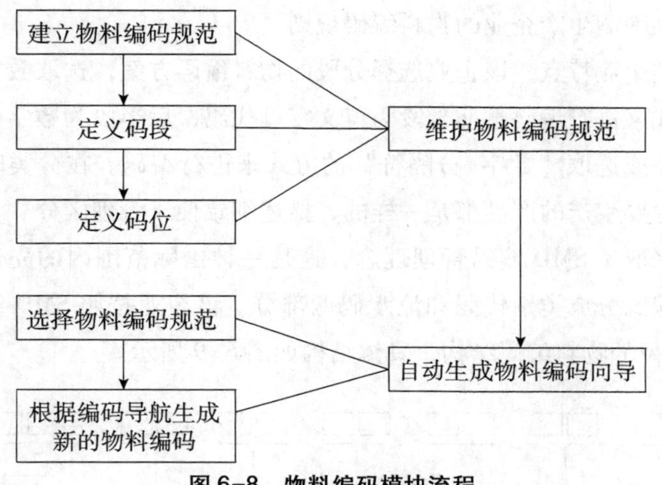

图 6-8 物料编码模块流程

拓展阅读

某公司物料编码规范

某公司物料编码实施草案

该公司的物料编码系统侧重于反映物料的主要特征以及有关物料的关键信息。物料贯穿于整个生产活动，每道工序所关注的信息不尽相同，如果将每种属性都在物料编码上体现出来，将对物料管理工作造成较大压力。因此，该公司在设计阶段时，仅考虑了各流程中都重视的主要特征。但是这样也有弊端，对相似物料的划分不明确，容易产生混淆。

二、大规模生产企业的编码方案

大规模生产以生产过程分解、流水线组装、零部件标准化、大批量生产和机械式重复劳动等为主要特征。大规模生产的产品不注重客户群体的具体要求，只按照行业标准或企业标准生产产品，但其产品适用性强，受众群体广泛。典型的大规模生产的产品有日化用品、饮料、通用化的机械零部件、电子设备等。

在消费需求旺盛而产品相对供应不足的时代，产品种类少、产量大，能够有效降低成本。此时，生产产品只考虑其实用价值，而不注重产品附加价值，大规模生产就可以达到降低成本的目的。

以下为某啤酒生产企业的物料编码规则。

结合此类企业特点，该企业选择分段的物料编码方案，选取数字与英文字母相结合的方式来进行编码，前半段为英文字母代码，后半段为数字代码，将两部分进行区分，或选取“数字+分隔符”的方式来进行编码。在分类时采取线式分类法，因为主要生产的产品都是一样的，描述细致便于管理区分。

该企业采取了SMD编码管理理念，这是一种国际范围内的先进理念，其主旨是将物料编码分成类别代码和流水码两部分。该企业按照SMD编码管理理念设置了共16位的物料编码结构，具体结构如图6-9所示。

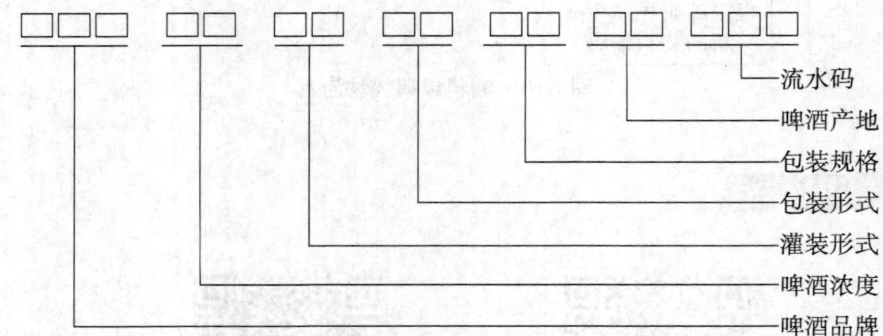

图6-9　某啤酒生产企业的物料编码结构

前几位为类别代码，类别代码的层次划分为大类、中类、小类、详细类、特征类和备用段，这样的结构形式层次清晰，信息描述完善，方便相关人员记忆物料，并且便于查找、归类、管理物料编码。最后三位流水码为前几位类别代码相同的物料提供了扩展空间，增强了物料编码的柔性。

三、通用化的行业编码方案

某些行业生产的产品具有结构相似、功能相同、生产工艺相近的特点，如果每个企业都有一套单独的编码系统，会造成产品型号混乱、产品结构功能不清等问题，同时每个企业都要耗费一定的人力、物力，完成编码系统与ERP系统的融合设计。如果有一套全国或者全行业统一的编码系统，既可以提高生产的标准化程度，又便于在流通过程中识别和标记，省去了每个企业单独的编码工作，提高了流通速度，降低了企业成本。

汽车制造行业就是典型的适用统一编码系统的行业。汽车的基本结构类似，包含发动机、底盘、车身电气系统等。汽车制造行业的行业标准化程度较高。国家标准《汽车零部件的统一编码与标识》（GB/T 32007—2015）发布于2015年9月11日，实施于2016年1月1日，其主要起草单位有中国物品编码中心、中国自动识别技术协会、山东省标准化研究院、中国汽车维修行业协会汽车维修配件工作委员会、浙江省物品编码中心等。

该标准规定了汽车零部件统一编码的编码原则、数据结构，符号表示方法及其位置的一般原则。该标准适用于汽车零部件统一编码和标识的编制，以及汽车零部件的信息采集及数据交换。该标准的实施起到规范汽车维修市场的作用，并且使企业管理效率提高、运营成本降低，为汽车零部件查询以及质量追溯体系的建立提供了技术支持。

制定国家标准《汽车零部件的统一编码与标识》（GB/T 32007—2015）的目的在于规范并统一各类汽车零部件的统一编码与标识，提高汽车零部件管理的信息化水平，实现汽车零部件的可追踪与可追溯。该标准有助于汽车零部件生产企业和整车企业对产品的全生命周期管理，有利于汽车服务市场的转型、升级，促进了我国汽车零部件生产企业、整车企业的品牌建设。同时，该标准的实施为汽车零部件的生产、流通、维修，以及汽车制造行业电子商务、移动互联网、质量保障体系、云服务平台的建设提供了有力支撑。

四、物流企业的编码方案

生产企业的物料在出入库时会出现“整包进、单个出”的情况。例如，某生产企业采购一箱螺栓，入库时整包入库，但出库时，由于各个生产环节的需求不同，可能会出现零散的螺栓“拆包出库”的情况，因此这就要求生产企业的编码方案具有一定的灵活性和兼容性。

物流企业是从事物流基本功能范围内的物流业务设计及系统运作，具有与自身业务相适应的信息管理系统，实行独立核算、独自承担民事责任的经济组织。物流企业提供货物运输、保管、清点、配送等服务，在货物中转场所不会出现“拆包”的情况。因此，物流企业的编码方案在设计过程中，只需要注重编码方案的简洁性与高效性，使货物便于被识读即可。

物流企业的编码字符以数字为主，有时带有少数英文字母，因为物流的重点在于“流”。在流通过程中，编码主要起到标识区分、传递“流动信息”的作用。国外的知名物流企业有 UPS（美国联合包裹服务公司）、DHL（敦豪集团）等，国内的知名物流企业有中国邮政速递物流股份有限公司（拥有“EMS”特快专递品牌）、申通快递有限公司（简称申通）、圆通速递有限公司（简称圆通）、上海韵达货运有限公司（简称韵达）、中通快递股份有限公司（简称中通）、顺丰速运有限公司（简称顺丰）等。

快递运单也称快递详情单，是用于记录快递原始收寄信息及服务约定的单据。快递运单的内容一般包括寄件人信息、收件人信息、物品信息、产品、服务、费用、付款方式、签名。快递单号的位置一般在快递运单的条码的下方，快递单号是快递包裹的唯一标识代码，方便物流企业、寄件人和收件人实时跟踪快递信息。

快递单号是物流企业编码方案的体现。顺丰的快递单号由数字和英文字母组成，常见以“SF”开头。圆通的快递单号由数字和英文字母组成，常见以“YT”开头。中通的快递单号由数字组成。韵达的快递单号由数字组成。

由此可见，对于快递单号，有的物流企业的编码字符为数字，有的物流企业的编码字符为数字和英文字母，通常英文字母仅占少数码位。此外，大多数物流企业的编码方式为完整、无意义编码方式，仅有少数物流企业采取完整、有意义编码方式。完整、有意义编码方式表示过多信息，设计过程比较复杂，因而不适用于大多数物流企业。

UPS 使用追踪编号来追踪快递包裹，客户可以通过在线网站或电子邮件随时掌握多达 25 个快递包裹的状态。UPS 的大多数追踪编号以“1Z”开头，后接寄件人的 UPS 账号、UPS 服务等级号、快递包裹编号以及校验码。其中，寄件人的 UPS 账号和快递包裹编号是计算机随机生成的。UPS 服务等级号有其固定含义，具体如表 6-1 所示。

表 6-1　　UPS 服务等级号

号码	含义	号码	含义
01	次日达（空运，红单）	44	次日达（空运，星期六派送）
02	第二个工作日结束前送达（空运，蓝单）	66	全球特快（1~3 个工作日送达）
03	陆运	72	陆运（货到付款）
12	第三个工作日结束前送达	78	陆运（退货，一次取件机会）
13	次日达（空运，红单，优惠）	90	陆运（退货，打印回邮标签）
15	次晨达（空运）	A0	次晨达（空运，需要成人签名）
22	陆运（退货，三次取件机会）	A1	次晨达（空运，星期六派送，需要成人签名）
32	次晨达（空运，货到付款）	A2	次日达（空运，需要成人签名）
33	次晨达（空运，星期六派送，货到付款）	A8	陆运（需要成人签名）
41	次晨达（空运，星期六派送）	A9	次晨达（空运，需要成人签名，货到付款）
42	陆运（需要亲笔签名）	AA	次晨达（空运，星期六派送，需要成人签名，货到付款）

UPS 是一家国际化物流企业，与其他非国际化物流企业相比，UPS 所涉及的快递包裹信息更复杂，运输方式也更多样化，时效限制较严格。UPS 从事国际货运运输和跨境物流业务，通过及时、高效地处理快递包裹，履行企业职责。每个物流企业的定位不同，所面临的挑战也不同，因而所制定的编码方案不尽相同。

第四节　条码的魅力

对于物流业来说，随着社会竞争压力加剧，行业需要不断进行改革，才能跟上社会发展的脚步。仅依靠单纯的货物配送方式已经不能满足消费者的需求，传统物流业的配送过程已经不能助力市场发展。物流企业应当在产业的发展过程中充分考虑消费者的需求，从运输、出入库、配送等多个环节的管理工作入手，对整个流程进行集中优化，提升物流业的服务质量，为物流业的发展提供新的动力。

条码管理模块实现了条码信息自动化采集、条码信息处理，以及与 ERP 系统业务的同步。物资支持系统功能齐全、高效实用，其优势主要体现在以下三个方面。

1. 提高了数据的准确度

在物流领域，物资管理数学模型的计算工作十分复杂。采用物资支持系统可以有效解决物资管理数学模型问题。此外，大批量的数值计算、信息的加工整理可以用物资支持系统的自动程序实现，这为现代化物资管理提供了有利条件。

2. 大幅度降低了劳动量

在物流领域存在着大量的数据和信息，如物资的出入库时间以及物资的型号、规格、数量等，随着物资实体的移动，还会产生更多新的数据和信息。采用人工方法处理这样庞大的数据，其工作量是非常繁重的，而采用物资支持系统时，每一个物资都有唯一的条码，物资的生产单位、详细描述、编码、采购订单号、采购订单行、计量单位、到货日期、仓库信息、库位信息、返修标识、批次号等能够通过扫描条码来获取，这些信息反映了物资的整个生命周期。同时，物资支持系统通过终端设备扫描条码，存储相关信息。因此，物资支持系统可以高效、安全地管理物资，实现了实时跟踪监控，做到了快速准确，大大提高了工作效率，大幅度降低了劳动量。

3. 实现了实时在线管理

利用物资支持系统进行物资管理，物资支持系统能根据外部的变化给出相应的修正指令，实现了实时在线管理，从而简化了手续、减少了差错、加快了物资周转、压缩了库存资金。物资支持系统存储了物资的编码、名称、规格、库位、最高库存量、最低库存量、出入库时间等信息。管理人员通过查询物资支持系统，可以随时掌握库存情况，做到合理进货、计划供应，在最低库存量和最高库存量之间寻求最佳动态平衡，以求得最大经济效益。

随着互联网时代的到来，我国物流业发展势头迅猛，发展前景十分可观。在物流业发展的过程中，企业管理者一定要重视物流运输过程中存在的问题，并想办法及时解决这些问题。

条码技术作为一种低成本、高回报的技术，具有强大的功能和技术上的优势。在物流管理领域，企业应当充分利用此技术，优化物流运输及服务过程，提高运输质量，实现仓储、管理、配送一体化和高效化，帮助企业赢得良好的口碑，增强企业在市场中的核心竞争力。

第七章　企业物流与物流企业的魅力

第一节　企业物流与物流企业

目前，我国物流的运作模式大致可分为两类：一类为企业物流；另一类为第三方物流。

所谓企业物流，包括企业在生产经营过程中，物品的原材料供应、生产加工、产成品销售，以及客户消费过程中所产生的废弃物回收和再利用。企业物流也就是企业内部物流，通常包括供应物流、生产物流、销售物流和回收物流，涉及包装、装卸、运输、储存、配送等。企业内部物流涉及产品链的每个环节，其成功与否直接关系企业生产效率的高低，关系企业成本控制的好坏，进而直接关系企业经营的成败。因此，企业内部物流体系的完善不仅是物流优化的重要环节，还是企业提升自身竞争力的重要举措，直接关系企业的生死存亡。

近年来，我国物流业进入了高速发展时期，企业管理模式已由原来的粗放型管理模式转变为集约型管理模式，许多企业对于作为“第三利润源泉”的企业物流也有了更深刻的认识。在企业的运营中，居高不下的物流成本一直是遏制企业快速发展的一大瓶颈，特别是对于一些大型企业，一套完善的企业内部物流体系不仅可以降低物流成本，还可以帮助企业提高生产效率、规范客户服务体系、健全产品追踪网络。随着信息技术的发展和企业管理模式的变革，优化企业内部物流、降低物流成本已成为现代企业增强核心竞争力的重要手段，也成为目前现代企业最为强烈的愿望和渴求。

近年来，很多企业都建立了各自的企业内部物流系统。利用企业内部物流系统，可以为客户提供更加完善的专业化服务，降低交易成本，提高企业品牌价值。

第三方物流是指由独立于物流服务供需双方之外且以物流服务为主营业务的组织提供物流服务的模式。其中，物流服务主要包括运输、仓储、订单管理、咨询整合等方面的高附加价值的服务。第三方物流企业是指提供全部或部分物流服务的外部供应商，即有能力提供完整物流服务的专业物流公司。第三方物流企业既不是生产方，也不是销售方，而是在从生产到销售的整个物流过程中进行服务的第三方。第三方物流企业一般不拥有商品，只为客户提供仓储、配送等物流服务。

第三方物流企业的业务项目不仅包括公路运输项目、航空货运代理项目、城际运输项目、仓库装卸搬运项目等，还包括为客户提供的定制化业务项目。例如，针对零售快消行业的企业，第三方物流企业可以提供基于智慧物流的全链路数据打通的数字化服务，助力企业完成线上线下业务融合，使企业短时间内快速扩张。越来越多的物流企业开始重视数字化转型，并开展业务项目创新。

2009 年，国务院相继召开常务会议，审议并原则通过了汽车、钢铁、纺织、装备制造、船舶工业、电子信息、轻工、石化、有色金属产业和物流业等十大产业调整振兴规划。物流业是生产性服务业，各产业本身、产业之间、产品与国内外市场的联系，都要以物流为支撑和纽带。近年来，我国政府对物流企业加大了支持力度，很多物流企业都得到了成长和发展的机会。我国交通运输体系愈加完善，为物流企业的发展提供了夯实的基础。

中小微物流企业已经逐渐成为物流业发展的主力军，它们是建设现代物流体系的重要基础，更是吸纳就业、改善民生的重要支撑。我国中小微物流企业主要是民营性质的，其主要经营业务集中在公路货运领域。

第二节　企业物流的魅力

制造业是我国的支柱产业。随着全球信息化进程的推进，企业之间的竞争日趋激烈，各企业面临的竞争压力逐步增大。市场需求日益动态、多变，市场可预测性逐渐降低。客户已不满足市场上购买到的标准化产品，他们更希望参与到产品的设计和生产过程中，使企业能够提供真正满足客户需求的定制化产品和服务。客户订单分离点不断靠近上游企业，产品逐渐呈现多样化、个性化的特征。产品设计开发时间与产品生命周期之间的矛盾、客户定制化需求和企业成本之间的矛盾，以及多品种、少批量生产模式和快速变化的市场环境之间的矛盾等，使传统制造模式的局限性不断凸显。企业应以客户为中心，满足客户的定制化需求，同时兼顾市场变化并做出快速响应。

随着科学技术的不断发展，传统大批量生产模式受到巨大冲击，为了实现市场向多元化的转变，满足客户定制化需求，解决传统大批量生产模式中的局限性问题，企业研究人员提出了一系列新的生产模式，大批量定制化生产模式应运而生。大批量定制化生产模式的核心是以传统大批量生产模式的成本和生产速度，为客户提供满足其定制化需求的产品和服务，它结合了传统观念中人们认为相悖的大批量生产模式和定制化生产模式。大批量定制化生产模式能适应企业的多元化发展，满足客户对产品和服务的需求。因此，大批量定制化生产模式逐渐成为制造领域研究的热点。

生产计划作为某种生产模式下生产管理系统的核心内容，其是否具有柔性直接影响着企业能否快速响应客户不可预测的需求变化，直接关系着企业能否在竞争中脱颖而出。生产计划在生产过程中贯穿全程，是企业生产的“中枢大脑”。因此，生产计划逐渐成为企业关注的重点。在传统生产模式下，生产计划主要是由市场预测驱动的，一旦生产计划制订成功，受内、外部环境影响都会较小。生产计划执行的效果是通过与预期目标进行对比来判断的，而在大批量定制化生产模式下，生产计划是由客户订单驱动的，生产的不可预测性强，客户需求动态多变，内、外部环境影响导致生产计划受到干扰，生产计划要以最大程度满足客户需求为最终目的，因此，柔性生产计划被应用到大批量定制化生产模式中，对生产计划快速响应内、外部环境变化的能力提出了更高层次的要求。

柔性是一个抽象的概念，而生产计划的柔性体现在当生产计划发生异常时生产计划波动的大小，它是一个相对的指标，由于企业对生产计划达成率的要求不同，生产计划波动的标准也就不同。柔性生产计划的目的是尽量让生产与市场需求一致，反映生产管理系统对内、外部环境的适应能力，因此，生产管理系统必须具备一定的柔性，以满足客户低成本、高效率的定制化需求。

柔性生产计划是动态的、长周期的、滚动的、有约束的，柔性生产计划是综合考虑生产设备、产品结构、生产团队等方面后制订的使产能最大化的平衡分析计划。合理的产品结构任务分解是大批量定制企业成功制订并实施柔性生产计划的前提条件。在实际的生产环境中，大批量定制企业根据资源、产能等的情况考虑接受多少订单。大批量定制企业对产品结构任务分解的执行效率的要求不断提高，因此，大批量定制企业应该优化产品结构任务分解、合理分配相关资源和产能、制订高效的柔性生产计划、主动应对激烈的市场竞争，最终满足客户不断变化的定制化需求。

一直以来，生产模式历经了多种演变，直至大批量定制化生产模式的出现，这是企业顺应社会发展、满足客户定制化需求、提高市场竞争力的必然结果。大批量定制化生产模式的特点可以概括为产品设计模块化、产品制造专业化、生产组织和管理网络化、企业间的合作关系伙伴化。随着大批量定制化生产模式的持续发展，客户越来越深入地参与了产品的整个生产过程，企业生产计划的实施受客户的影响越来越深，这就要求企业生产计划要具备一定的柔性，能够快速响应不断变化的市场环境。

企业通过制订一个合理的生产计划，可以在一定程度上缩短生产等待时间，提高生产设备等企业资源的利用率，从而保证产品在交货期内顺利完工，并充分利用现有的资源和产能，使企业获得更大利润。生产设备是企业生产得以运行的前提，对生产设备进行合理调度、规划可以极大地提高生产设备的利用率，从而提高企业生产效率和产品质量。由于生产设备在生产过程中会产生空闲时间段，致使企业无法实现生产设备的最大化利用，因此企业有必要合理调度、规划生产设备，缩减生产设备的空闲时间段，提高生产设备的总体利用率。生产设备是企业生产的必备条件，而不是唯一条件，先进的生产管理理念与生产技术也是企业生产得以顺利进行的前提。生产设备的质量和生产技术的先进程度直接影响着产品的质量、精度、产量和生产效率。生产设备的技术水平和装备水平在一定程度上是企业生产水平的标志。生产计划作为某种生产模式下生产管理系统的核心内容，对提高生产设备的利用率、充分利用企业现有的资源和产能等极为重要。

基于市场预测，企业在保证原材料和预制零部件库存的基础上，接收客户订单并采取定制化生产模式进行生产。

在生产过程中存在一个客户订单分离点（Customer Order Decoupling Point，CODP）。客户订单分离点是指由基于预测的备货型生产转向响应客户需求的定制型生产的转折点。其上游是备货型生产，是由预测驱动的；其下游是定制型生产，是由客户订单驱动的。

按照客户需求对企业生产活动影响程度的不同，即客户订单分离点在企业生产过程中位置的不同，可以把定制化生产模式分成以下四种类型。

第一种类型，按订单销售（Sale-To-Order，STO）。这是一种按库存生产（Make-To-Stock，MTS）的大批量生产（Mass Production，MP）模式。在这种生产模式中，只有销售活动是由客户订单驱动的，客户需求的改变只影响产品库存，对生产活动没有影响。例如，家用电器通常采取这种生产模式。

第二种类型，按订单装配（Assemble-To-Order，ATO）。按订单装配是指企业接到客户订单后，将库存中已有的零部件经过再配置后向客户提供定制化产品的生产模式。在这种生产模式中，装配活动及其下游的活动均是由客户订单驱动的。例如，模块化汽车、个人计算机、成套电器产品通常采取这种生产模式。

第三种类型，按订单制造（Make-To-Order，MTO）。按订单制造是指企业接到客户订单后，在已有零部件的基础上进行变型设计、制造和装配，最终向客户提供定制化产品的生产模式。在这种生产模式中，变型设计活动及其下游的活动均是由客户订单驱动的。例如，大部分机械产品通常采取这种生产模式。

第四种类型，按订单设计（Engineering-To-Order，ETO）。按订单设计是指企业根据客户订单中的特殊需求，重新设计能满足特殊需求的零部件或整个产品，在此基础上向客户提供定制化产品的生产模式。在这种生产模式中，设计活动及其下游的活动均是由客户订单驱动的。例如，工业汽轮机、船舶、化工设备等大型特制设备通常采取这种生产模式。

在实际的生产过程中，上述四种类型的界限并不清晰，而是相互交叉并有一定的重叠。

在大批量生产中，按订单销售（STO）的客户订单分离点处于生产过程的最下游，按订单装配（ATO）、按订单制造（MTO）、按订单设计（ETO）的客户订单分离点依次靠近生产过程的最上游。客户订单分离点越靠近上游，客户订单中的技术要求对企业生产过程的影响越大，客户订单完成的难度也相应增加。此外，随着客户订单分离点向生产过程的上游移动，定制化产品以下三个方面的特点也越来越突出。

（1）企业对定制化产品的市场响应速度慢、适应性差。

（2）定制化产品的设计和生产过程重复性低，有不同的产品结构和工艺路线。因此，客户订单中的特殊需求会使设计工作量大，生产准备周期长，生产过程中不可预测因素多。如果缩短定制化产品的生产时间，容易导致生产成本增加和产品质量下降。

（3）生产成本难以控制。由于定制化产品的品种不断增加、批量不断减少、产品结构日益复杂，企业成熟的资源和已有的工作成果有可能无法被充分利用。企业甚至会出现产品单件生产的情况，因此生产成本难以控制。

传统刚性生产计划已难以快速响应不断变化的客户需求。为了更好地提高企业的核心竞争力，满足客户参与到产品生产过程的各环节中的期望，解决传统刚性生产计划的局限性问题，企业应该以客户需求为中心，为客户提供定制化产品和服务，利用数学模型合理分析影响因素，制订柔性生产计划，创新生产模式，探索新的生产管理理念，充分利用企业的资源和产能（如尽量缩减生产设备的空闲时间段），采纳数字化客户订单处理方案。

企业采取的与柔性生产计划相关的措施列举如下。

（1）建立支持柔性生产计划的任务元模型。通过分析大批量定制化生产模型的特点，确定柔性生产计划实施过程中的影响因素，基于产品结构树理论知识，分析产品零部件间的层次关系，给出各任务开始时间的计算方法，并建立描述任务及其相关资源属性间关系的任务元模型。支持柔性生产计划的任务元模型的应用，有效调整了任务执行次序并改善了资源调用情况，从而实现了任务执行过程中的柔性控制，这为柔性生产计划的制订提供了参考依据。

（2）提出基于资源约束的设备能力规划模型。该模型给出了充分利用设备空闲时间段的方法。通过研究基于大批量定制化生产模式下设备和资源的调度问题，建立基于资源约束的设备能力规划模型，以最大化发挥设备和资源的潜力、提高设备的利用率为最终目标。该模型对如何充分利用设备空闲时间段加以研究，给出了合理调度设备的方法以及应对加单、撤单等临时状况的处理方法，这为柔性生产计划的制订和调整提供了参考依据。

（3）绘制通用件、定制件乃至整个订单的生产计划流程图，并给出应对订单变更的处理方法。为了提高生产计划的柔性，将订单按任务划分为定制件任务和通用件任务，以任务元模型、设备能力规划模型为参考依据。通过观察待排生产任务同空闲设备的映射关系，定制件任务按交货期逆序递推思路安排生产计划，而通用件任务则采用一般正序排产方法，科学确定任务开始时间、设备回收资源池的时间。根据订单的类型、特点和内容，分析订单变更后的处理方法，对不同的订单提出不同的处理方法。综合绘制生产计划流程图，建立整体柔性生产计划，制定流程模型，提高企业生产计划应对不确定插单、撤单或合同变更的柔性，避免企业资源浪费。企业生产计划中呈现出的零部件之间的生产层次性约束关系，削弱了生产的盲目性。

自20世纪80年代中期以后，企业的经营管理逐步向精细化和柔性化方向发展，即时物流战略、协同或一体化物流战略、全球化物流战略等理念逐渐渗入企业生产中，现代企业之间的竞争逐步演化为企业物流和企业供应链之间的竞争。下面将通过三个具有代表性的企业物流运营实例，来展示我国现代企业的内部物流运营现状，展示企业物流的魅力。

一、华为的可持续发展型供应链

可持续发展是大势所趋，是企业发展的正确战略方向。相关数据表明，华为在销售收入增长和市场扩大方面做出努力的同时，也在人权、环保、社会等各方面进行了投入，从而实现了公司的可持续发展，并带动了整个供应链的可持续发展，而供应商的增长尤其可以说明华为对供应商的带动和协同作用。这既与华为的可持续发展战略和管理体系密不可分，也与其主动执行信息披露机制息息相关。

华为是一家生产和销售通信设备的民营通信科技公司，成立于1987年，是全球领先的ICT（信息与通信技术）解决方案供应商，其致力于把数字世界呈现给每个人、每个家庭和每个组织，以构建万物互联的智能世界。目前华为有上万名员工，业务遍及全球多个国家和地区，服务于全球运营商50强中的45家。

华为的供应链发展历程大致可分为三个阶段。

第一阶段是从1999年到2004年，称为专业化阶段。在此阶段华为的供应链从无到有，从松散到联合，逐步形成了稳定、高效的供应链系统。在此期间华为引入了ISC（集成供应链）理论体系和生产流程，实现了供应商的内部集成，并引入SCOR模型作为供应链业务的参考模型。SCOR模型的左边是供应商，右边是客户，从左到右涉及采购、制造和物流等多个模块，把这些模块完整地统一起来就是计划，形成了供应链的主要流程。

第二阶段是从 2005 年到 2015 年，称为全球化阶段。在度过了供应链专业化阶段之后，随着华为的业务向全球扩张，华为开始在全球范围进行供应链架构的规划设计。华为的 ERP（企业资源管理）系统在全球上线，设立了中国、墨西哥、印度、巴西、匈牙利 5 个供应中心；建立了中国、美国、日本、德国 4 个采购中心，采购对象都是电子元器件生产厂家或者重要工业品的供应商；构建了推拉结合的三级供应网络，采用“集中认证，分散采购”的方式完成采购任务，做到了整合全球优势资源、科学布局网络，兼顾供应链的敏捷性和高效性。

第三阶段是从 2016 年至今，称为数字化阶段。在此阶段主要是夯实数字化供应链的三个基础，即业务数字化、流程服务 IT 化和算法建设，沿着资源准备、供应履行、韧性网络三个业务流程，以智慧运营中心（IOC）为着力点，构建数字化主动型供应链，完成物流全流程可视、可分析、可辅助解决的转型升级，依托算法的辅助，实现物流流程运营半自动化，减少作业节点，大幅提升企业运营效率。

华为在技术层面不断对供应链进行优化的同时，还强调供应链的精神传承。为了使企业供应链得到良好的继承和发扬，提出了三项供应链的传承理念。

第一，“价值向导”。强调要具有强烈的使命感，聚焦供应链连续性、经营效果和客户满意度，并以此来校验工作是否准确有效。

第二，“大道至简”。强调做简业务，即去粗存精、去伪存真、由表及里、由此及彼。使业务流程逐渐向自动、自优（自行优化）、自适应发展，组织能聚能散、灵活组装、不断提升作业效率的工作团队。

第三，“时代精神”。强调理论和技术上持续学习和创新，敢为人先。此项理念要求员工持续学习和合作，掌握先进的理论和技术，跟上时代的发展，利用先进的理论和技术主动设计和优化业务方案，有批判精神，敢挑战权威，不断反思现状。

华为打造了一个成熟的可持续发展的供应链体系，持续关注供应保障和供应风险，以及供应链的合规性和可持续性，构建了一支可持续的供应生态链，形成了能有效吸引供应商和消费者的竞争优势。

二、一汽-大众的零部件送货形式与零库存管理

（一）零部件送货形式

一汽-大众的零部件送货形式有三种。

第一种是电子看板送货。公司每月把生产信息用扫描的方式，通过电脑网络传递到各供货厂，供货厂根据这一信息安排生产，然后公司按照生产情况发出供货信息，供货厂则马上用自备车辆将零部件送到公司各车间的入口处，再由入口处分配到车间的工位上。

第二种是准时送货。公司按顺序把配货单传送到供货厂，供货厂按顺序装货，直接把零部件送到工位上，从而省去了中间在仓库储存的环节。

第三种是批量送货。供货厂每月对不影响大局，又没有明显数量变化的零部件分批量运送1~2次。

（二）零库存管理

公司很注重在制品的零库存管理，大量库存会带来种种弊端。在生产初期，车型比较单一，颜色只有蓝、白、红三种，公司的生产全靠大量的库存来保证，随着市场需求的日益多样化，传统的生产组织方式面临着严峻的挑战。

该公司采取的解决方法是在整车车间生产线上，每辆车的车身都贴一张生产指令表，零部件的种类及装配顺序一目了然，通过电脑网络向各供货厂下达计划。供货厂按照顺序生产装货，生产线上的工人按顺序组装。就这样，原本复杂的生产变成了简单而高效的生产线工程。

令人称奇的是，整个车间的一条生产线，过去仅生产一种车型，其生产线上尚且拥挤不堪。如今在一条生产线，同时组装二到三种车型，不仅做到了及时准确，而且比原先减少了近10%的工人。

零库存管理是现代物流中的管理理念，它实质上是在保证供应的前提下，实现库存费用最低的一种管理方式。工业生产和商品流通过程的阶段目标并不一样，企业组织商品流通的目的是保证市场产品供应，而市场波动与供求不协调，是正常的经济现象，但每当出现供不应求的现象时，企业为了保持供求平衡，一般采取增加库存、保证供应的做法，实质上反而加大了流动资金的占用量。

工业生产过程的复杂程度是众所周知的，在传统上，这种复杂生产所形成的大量原材料和配件的库存，及由此造成的大量资金占压等，已成为许多企业的顽疾，本案例中，一汽-大众实现的零库存管理无疑有启示意义。

三、唐山市某机电企业高效的库存管理

机电企业的生产特点是交货周期短，原材料和配件多是小批量或单件采购，采购供应变数大，资金有限。完善的库存系统，能为企业高效地提供原材料和配件并降低库存量，从而大幅降低生产成本，提升企业生产速度和生产质量，对中

小机电企业的生存和发展有至关重要的作用。

唐山市某机电企业是一家具有 10 年专业制造成套电器设备经验的企业，集研发、生产、销售及工程安装于一体，企业主要业务是为大型化工和冶炼工厂提供各种分析和检测仪器，并对所提供的仪器进行维护和检修。

该企业作为中小机电企业，生产规模较小，流动资金有限，但产品技术含量高，具备典型的中小机电企业的特点：①产品结构复杂；②客户定制化程度高，不同的客户对产品需求的差异性大；③不允许有成品库存。

这些特点要求企业每次生产都要针对相应产品的功能和要求采购特殊的零部件，因此库存管理效率直接决定该企业的供货速度和资金周转速度，对企业有着至关重要的影响。

（一）库存管理模型

企业目前所存在的这些问题，主要在企业库存管理模型中得到解决。在此模型中，对企业的库存管理进行优化，明确出入库操作流程，明确库位并进行库存物料分析，使库管人员在最短时间内找到各部门所需要的库存信息，对敏捷采购和快速生产提供有力支持。库存管理模型如图 7-1 所示。

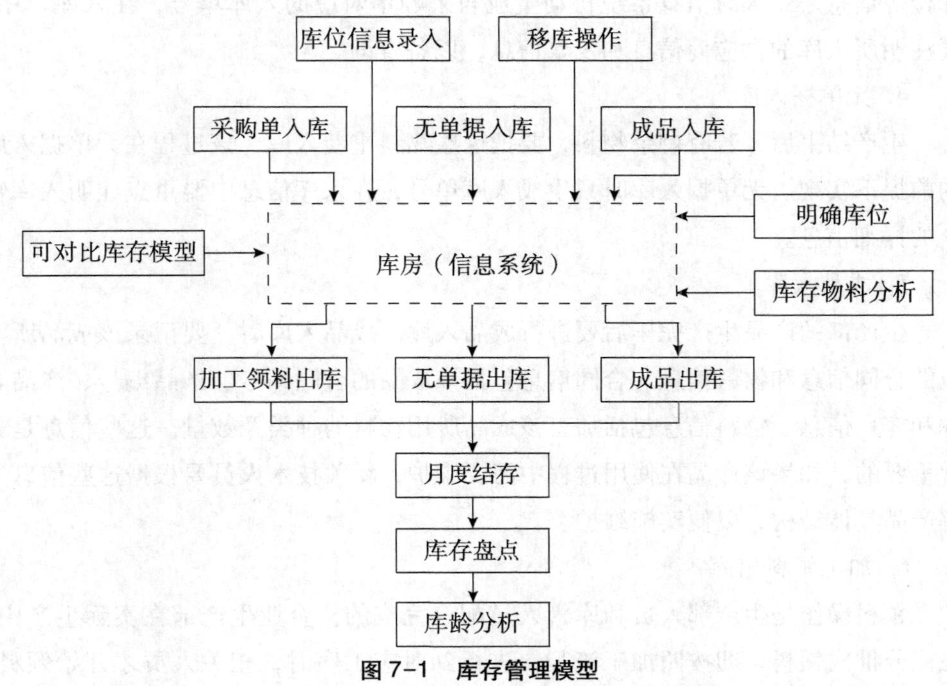

图 7-1　库存管理模型

（二）库存管理模型的实现

1. 库位信息录入

库位管理是为了明确各种物料位置而设置的。在信息系统中要依据企业实际情况，建立对应的库位信息，在录入物料编码时，要把每条物料对应的库位信息一并录入。录入之后，库管人员可按照物料编码快速找到该物料的对应库位，提高库存查询速度。

2. 移库操作

当库房中物料位置发生变化时，要在信息系统中进行相应操作，以记录这种变化。由于企业库房有限，有部分成品是直接堆放在车间的，对于成品的移库要标明是移到具体库房还是堆放在车间。

3. 采购单入库

采购部下达采购单后，采购员开始操作具体采购事宜。当所采购的物料到达企业时，采购员要配合库管人员依照采购单信息对物料进行入库操作，这种入库操作是主要的入库形式。在入库过程中，为了保证入库的高效及准确性，要以与物料唯一对应的物料编码为入库向导，通过物料编码找到该物料的名称、规格及库位等信息。录入时信息系统自动生成与采购单对应的入库单号，在入库单中，要注明所入库的供应商信息和发票信息，以备查询。

4. 无单据入库

生产结束后，若有剩余物料，要把这些物料重新入库，该过程在无单据入库的前提下实现。无单据入库时只生成入库单号，在入库信息中要重点注明入库物料的详细信息。

5. 成品入库

生产部的产品生产完毕后要进行成品入库。成品入库时，要记录该成品所对应的合同信息和物料信息。合同信息包括该成品的合同编号、产品编号、产品名称和客户信息；物料信息包括加工该成品所用物料的种类及数量。这些信息是非常重要的，如果该产品在使用过程中需要维护，相关技术人员要根据这些信息了解产品具体结构，以便实施维护。

6. 加工领料出库

领料操作是生产部人员和库管人员配合完成的。企业生产部在实际生产中，往往分批次领料，即按照加工流程，进行到对应工序时，相关人员才开始领料。在领料时，要保证出库物料的准确性，同样也要以物料编码为出库向导，通过物料编码查找该工序所需物料的详细信息，并在信息系统中记录该次领料的数量、领料人信息等，以便日后查询及分析。

7. 无单据出库

由于每次生产部人员在领料时，都是先根据以往的加工经验估算出物料的数量，然后进行支领，若估算出现偏差，可能会导致生产时所需物料不足或富余的情况发生。如果所需物料不足，生产部人员还要再次领料，这种领料的实现要通过无单据出库的方式来完成。另外，对一些非生产性的物料（办公用品、劳保用品等）也要以无单据出库的方式来支领。

8. 成品出库

当与客户联系好收货时间等具体信息之后，可进行成品出库的操作。成品出库时要按照合同管理中生成的合同编号找到对应成品的编号，然后依据成品编号找到该成品的库位信息，依据库位信息找到具体的成品进行出库。出库时要检查该成品的编号信息是否正确，以保证日后维护和检修时能够迅速查到相关信息。

9. 月度结存

库存占用较多一直是困扰企业的一大难题，几乎所有企业都希望把库存量降到最低限度以释放出更多的流动资金。想知道企业的库存量究竟占用多少资金，就需要计算月度结存。月度结存一般是在每月月末进行，结存时，首先停止一切出入库操作，然后在上月月度结存的基础上，根据出入库记录，计算当月每种物料的实际库存量，再结合每种物料的平均采购价格，就可以知道当月月末库存量占用的总资金。月度结存界面如图 7-2 所示。当月月末库存量占用的总资金的计算公式如下。

$$C = \sum_{i=1}^{n} \left[\left(q_i + q_{i\text{入}} - q_{i\text{出}} \right) \times C_i \right]$$

式中：C ——当月月末库存量占用的总资金；

q_i ——上月月度结存时第 i 种物料的库存量；

$q_{i\text{入}}$——本月第 i 种物料的总入库量；

$q_{i\text{出}}$——本月第 i 种物料的总出库量；

C_i ——第 i 种物料的平均采购价格。

在月度结存界面中，库管人员只需点击月度结存按钮，程序将按照设定好的算法对每种物料的实际库存量进行计算。在得出计算结果之后，可以用直方图的形式将数据进行对比，找出当月月末库存量占用的总资金最高的月份，并分析原因。总之，月度结存能够反映库存量占用资金信息，并为企业对库存的分析提供数据支持。

10. 库存盘点

库存盘点是库管人员按照账面上的记录定期对库房内所有物料的种类及数量

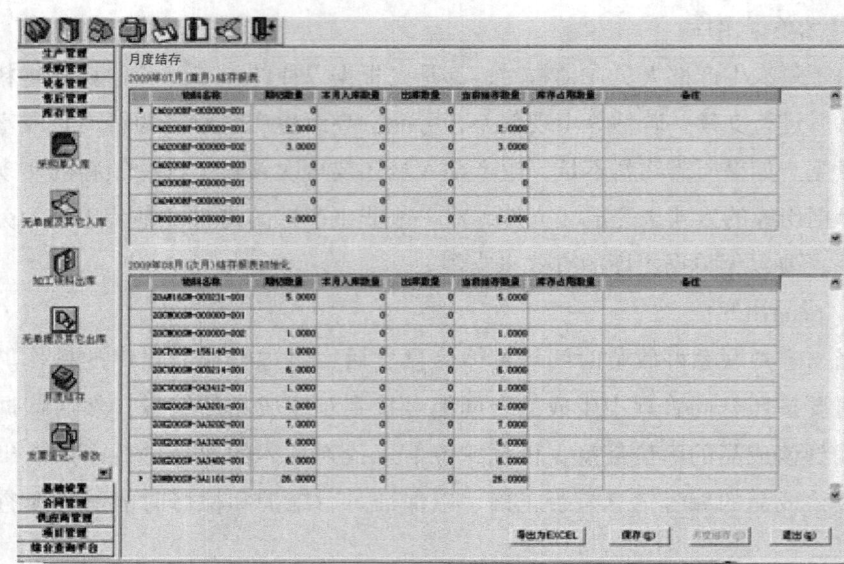

图 7-2　月度结存界面

进行盘点的工作。在实际出入库操作过程中，会出现某些账面上的记录与实际数量不符的情况，造成这种情况的原因有很多，如库管人员操作失误、某借用物料未进行记录等，如果物料无故缺失，将会给企业造成较大损失。库管人员在盘点时，一旦发现了这种情况，要迅速找到原因，避免给企业带来损失。

11. 库龄分析

库龄分析界面如图 7-3 所示。

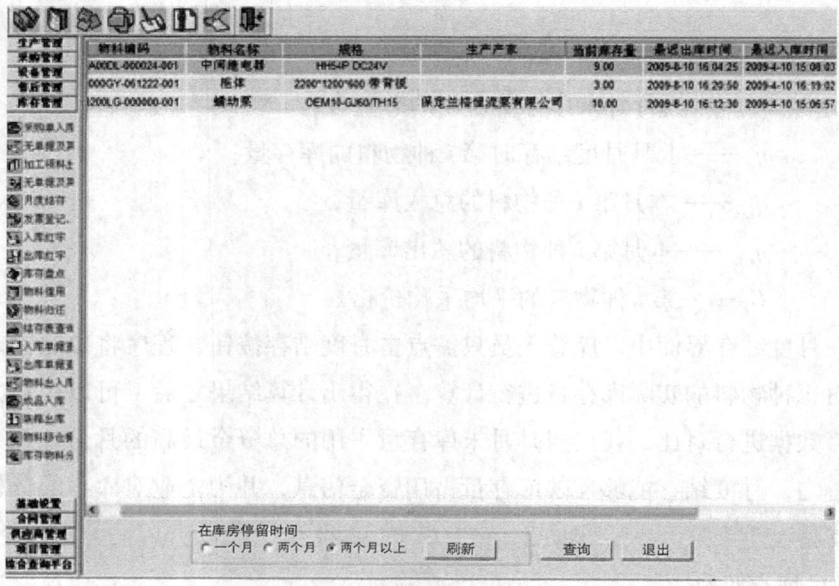

图 7-3　库龄分析界面

在信息系统中，要对物料的最后入库时间和库龄进行查询，还要对不同库龄的物料进行分类显示，方便库管人员的分析和统计。在筛查出超过库龄的物料之后，库管人员要弄清造成物料停滞的原因以及现有库存金额，依据物料的采购单号向相关人员确认这些物料是否还有使用价值，如无使用价值，要尽快处理以节约资金。

通过完善库存管理系统流程，明确库管人员和采购员的工作任务，协调库房和生产部的关系，合理应用信息系统控制出入库流程，目前该企业库存管理效率有了大幅提升，货损货差率下降了约30%，为企业节约了大量库存成本。

经济全球化和快速发展的信息技术，以强大的扩散力和渗透力对制造业产生了极其深刻的影响，使制造企业竞争核心、发展战略、技术重点等发生了极大变化。从时间跨度上来讲，信息技术的应用已经从产品制造过程中的不同阶段，延伸到了产品设计、制造、管理、使用、维护的全生命周期。

中小企业处于竞争激烈的市场中。大多数中小企业在规模、管理、业务发展上和大企业相比，都存在较大的差距。中小企业要想在竞争激烈的市场中生存下来，必须比大企业更加灵活、高效、创新。随着近几年企业信息化的普及，众多中小企业已经充分认识到信息化对节约企业成本和达到有效管理的重要性。各部门相互之间不能信息共享，业务流程不畅，形成许多“信息孤岛”，成为当前企业亟待解决的问题。

企业在发展壮大的过程中，对内要不断完善管理水平，对外要迎接日益激烈的市场竞争，信息系统的实施为其提供了有效的帮助。信息系统的实施有利于企业对生产经营过程进行有效的监测和控制；有利于管理人员进行分析和决策；有利于精简库存，规范企业业务流程；有利于提高售后服务水平，加速企业发展进程。

第三节　物流企业的魅力

第三方物流是专业的物流形式，在降低物流成本、提高客户服务能力方面有非常重要的影响。随着社会产业分工越来越细，物流产业逐渐形成，专业的第三方物流企业得以不断发展，物流企业所能提供的功能和服务不断增加，从传统的运输、仓储等领域逐步向采购、分销等领域延伸。

现代第三方物流企业，逐步将自动控制、信息网络、人工智能等技术融入企业的生产经营活动之中，通过技术更新和流程优化，不断提升物流速度和服务质量，深刻地改变了人们生产、生活的方式。通过以下四个第三方物流企业运营的案例，来了解一下先进的第三方物流给人们生产和生活带来的巨大变化。

一、菜鸟网络

菜鸟网络位于无锡的新一代智能仓已正式上线。在 AI 的调度下，超千台不同类型的机器人协同作业，发货能力比上一代智能仓提升了 60%。

在新一代智能仓内，有总量超过千台的不同类型的机器人，其中最大的机器人能搬起吨级重货。在 AI 的调度下，千台机器人分工有序。全自动立体库实现商品的无人化存储及搬运；机械臂完成商品的拆垛分拣；AGV 机器人、无人叉车完成搬运、拣选；打标设备给包裹贴上电子面单；分拨机器人将包裹分类；智能输送分拣系统将包裹送往指定发货路线装车。多方联手共同完成了批量商品的拆零、重组、打包以及发货。

菜鸟网络无锡未来园区的机器人仓库也刷新了行业新纪录。近 700 台 AGV“小蓝人”正式上岗。这些 AGV“小蓝人”有的负责带着订单箱赶到货架指定区拣货；有的负责带着移动货架去找订单箱装货。近 3 万平方米的库区内，近 700 台机器人形成一个繁忙的智能运输系统，它们会互相避让，自行充电。在仓库内，带有算法的摄像头除了记录视频画面外，还可以不间断动态扫描仓内情况，自动记录货物存储和进出情况，实时反馈到调度系统。

公司方面称，既要逐渐将旧有园区改造为未来园区，也要建设新的未来园区。其中，在园区仓库的自动化方面，考虑我国物流波峰波谷的变化大，然而机器人仓库具有柔性特征，可以快速复制、扩展以及变换阵型，更利于全行业使用和推广。

视频案例

无锡菜鸟仓

二、宁夏新华百货现代物流有限公司

宁夏新华百货现代物流有限公司（以下简称新百现代物流）被商务部确定为宁夏唯一一家全国第一批智慧物流配送示范企业，位于银川望远工业园区内，规划占地约27万平方米，园区有常温仓储中心、冷链仓储中心、信息处理中心、综合服务中心、大型停车场等，全球眼监控系统、全自动火灾报警系统、大型垃圾中转中心等配套设施一应俱全。

公司采用德国SAP信息技术，将智慧物流融入智慧城市，以信息化、智能化、自动化、透明化系统的运作模式，利用“物流+互联网+大数据”相融合的一体化生态运作体系，打造集仓储配送、加工分拣、包装为一体的物流企业。通过“资源整合、产业融合、运作创新、典型示范”的理念，提供增值服务，构建环银川都市圈智慧物流园区的创新模式，为城市物流运输市场带来新的绿色环境。

公司的配送半径为800千米，辐射兰州、榆林的定边和靖边、咸阳、内蒙古的乌海和鄂尔多斯等地，450千米内均为日配，准点到店，有力保障了公司“走出去”的战略要求。新百现代物流拥有各类型配送车辆500余辆，配送队伍有百余人，全面保障了配送工作。

拓展阅读

新百智慧物流案例

新百现代物流循环共用解决方案——托盘置换与生鲜周转筐

带托盘运输（公司内部称为带板运输）是该公司的一大亮点。托盘是最小的单元化载具，运用托盘还要考虑包装、周转箱、叉车、货架、运输车辆等标准化体系。

以标准托盘及其循环共用为重要切入点，带动上下游物流设施设备和包装标准化水平提升，推动托盘循环共用、带托盘运输来降低物流成本、提高供应链效率是业界共识。

托盘处于中间环节，使用过程需要依靠货架和运输工具的支撑，要让其循环起来，供应链上中下游必须相互配合，才能形成规模效应，并在供应链全链条上提升物流速度。

从托盘的购买以及工人的培训方面来看，托盘在使用前期必须有大量资金的投入。看起来是“麻烦”“还要花钱”的亏本买卖，而企业管理层认为，托盘的使用虽然在短期内可能效益并不明显，但从长远发展的角度来讲，会使整个物流装卸、搬运、运输等环节的效率得到大幅提升。

对此，供应商广泛开展托盘知识的宣传，营造托盘氛围，在各个层面突出托盘元素，提出“供应商与新百现代物流同唱一首歌”的工作思路。在做好宣传工作的同时，还开展了全面深入的托盘推广工作，重点是从供应商到物流中心再到门店的正向物流和从门店到物流中心再到供应商的逆向物流，全部实现带板运输，实现了让“托盘跑起来”。在推广托盘的过程中，该公司采用了液压升降装置并对供应商车辆进行尾板改造，快捷、安全地实现了货物在地面和车辆之间的装卸，而无须其他辅助装置。

企业除了推动“带板运输”的理念之外，还倡导创新循环共用与绿色的发展模式。鼓励以托盘为单元订货，推动供应链全程“不倒盘、不倒筐”；鼓励推行带托盘运输，通过企业间“结联盟”“结对子”共推标准化；发展园区式托盘服务市场，完善“基地+网点”布局和公共服务，探索社会化开放式托盘共用，推广可重复使用的新产品包装，促进标准器具和物流包装的循环使用；鼓励按商品特点分类，探索“周转箱+托盘”的单元包装和无包装模式，推广标准化精准包装；鼓励按包装物材质分类，探索利用配送渠道、社区便利店回收等模式，促进仓储配送和包装绿色化发展。

与原来的业务流程对比，采用“带板运输”之后，企业的运输效率得到了大幅提升，具体指标如表 7-1 所示。

表 7-1　　两种配送流程的指标对比

指标	原配送流程	“车载尾板”配送流程
门店装车平均耗时	将商品装车，经测算平均时效为 6 件/人/分钟	按每板平均承载 65 件计算，时效为 21 件/人/分钟
门店卸货平均耗时	门店卸货，经测算平均时效为 1 件/人/分钟	按每板平均承载 65 件计算，时效为 18 件/人/分钟
门店清点平均耗时	门店清点卸货件数及转移货物，需要 10~20 人	门店不需要清点卸货件数，转移货物需要 2~3 人

宁夏新华百货现代物流有限公司开展的零售商和供应商的“带板运输”模式，实现了货车装卸过程的机械化运作；避免了无效的人工搬运和重复倒板，大幅降低了人力成本；缩短了供应商交货以及集货时间；减少了商品二次搬运的人力成本；降低了人为残损率，从而大幅提升装卸效率，加快入库流转速度，缩短货物供应时间，提高供应能力。

视频案例

新百现代物流

带板运输

三、唐山成联电子商务有限公司

唐山成联电子商务有限公司（以下简称成联电商）始创于 2003 年，是唐山市注册成立的第一家电子商务公司，河北省首家电子商务类高新技术企业。

公司以“专注 B2B”为核心，形成了“官网交易、创新支撑”两大体系，在“互联网+传统产业”领域探索出了“深度垂直+行业生态”的特色发展模式。旗下运营耐材、炉料、陶瓷、应急、物流五大产业互联网平台，分别是中国耐火材料行业协会、中国陶瓷工业协会和中国仓储与配送协会的指定官方网站。与中信银行合作，在业内率先实现供应链电子交易、在线供应链金融等业态创新。为国内、国际用户提供交易、数据、营销、技术等服务，已成为国内外数十万家企业长期信赖的合作伙伴。唐山成联电子商务有限公司注重技术创新，拥有百人规模的 IT 研发团队。

“银物保”物流行业综合服务平台（www. ywb56. com）依托海量市场资源，立足唐山、辐射河北、面向全国，高效整合车、货、库等物流资源信息，为商贸物流参与者提供物流资源的发布、匹配、支付等全流程交易服务，实现智能匹配供需、阳光在线交易和安全支付结算，大幅降低货主企业物流综合成本，提高物流效率。

该平台对接各细分行业的产业互联网平台，广泛承接各行业的物流业务。通过聚集各城市、各行业物流信息数据，以市场化手段实现全国各地物流资源的跨区域整合和互联互通。

该平台通过创新在线供应链金融服务模式，实现在线融资及投保，保障资金和货物安全，解决中小企业融资难题，并通过征信体系建设，为用户打造诚信安全的交易环境。同时，对物流大数据进行统计、分析、深度挖掘，为企业、行业、政府的经营、发展、决策提供真实、客观的数据参考，为促进物流业及经济社会健康、快速发展发挥积极作用。

对典型用户进行跟踪，企业通过该平台可以提高物流活动参与双方的物流资源的交易效率，降低企业综合物流成本，助力众多中小企业降本增效。

此外，在产业互联网发展的重要窗口期，成联电商将积累的运营模式、技术及相应的金融、物流等资源整体打包复制输出，将官网纵向服务行业、横向联动资源的模式在更多领域复制输出，推进中国传统产业转型升级、高质量发展。

未来，成联电商将始终坚持“引领电商发展、推动产业升级”的使命，以“持续创新、快速执行”为核心竞争力，在互联网的下半场精准定位产业、深度创新服务，为中国经济高质量发展再添新动能。

四、唐山市双赢物流有限公司

唐山是我国重要的钢铁生产基地，发展钢铁物流具有得天独厚的条件。唐山的钢铁产量约占全省产量的60%，素有“全国钢铁看河北，河北钢铁看唐山”之说。在政府部门支持下，唐山钢铁物流企业的经营规模、管理水平和技术水平都得到了大幅度提升。

唐山市双赢物流有限公司位于唐山市丰南区，公司依托唐山钢铁物流企业聚集度高、产业链发达的优势，以自有运力和仓储能力为基础，大力整合社会物流资源要素，为钢铁产业链上下游企业提供专业、透明、高效、优质的综合物流服务，是河北省重点物流企业、国家5A级物流企业。

（一）业务范围合理拓展

传统钢铁物流企业业务范围大多集中在供应商-生产企业和生产企业-客户，传统钢铁物流企业业务范围如图7-4所示。传统钢铁物流企业存在客源不稳定、同行竞争激烈、利润率较低等问题。许多传统钢铁生产企业内部还存在着物流系统管理混乱、运输成本高、运输效率低下等问题。

唐山市双赢物流有限公司敏锐地抓住了这个市场信息，积极拓展自身业务范围，以物流外包的形式与多家唐山本地的钢铁企业达成物流合作协议，将自己的业务范围成功拓展，唐山市双赢物流有限公司业务范围如图7-5所示。

该公司将钢铁企业内部、外部的物流业务都纳入自身的服务体系之中，扎根生产企业内部，形成“你中有我、我中有你”的物流生态圈，利用专业化的物流运作体系抢占了多家钢铁生产企业的内部物流市场，大幅提升了利润。

（二）高效的车辆管理

该公司自主研发了集资源整合、平台交易、货物跟踪、客户查询于一体的双赢综合信息管理系统。

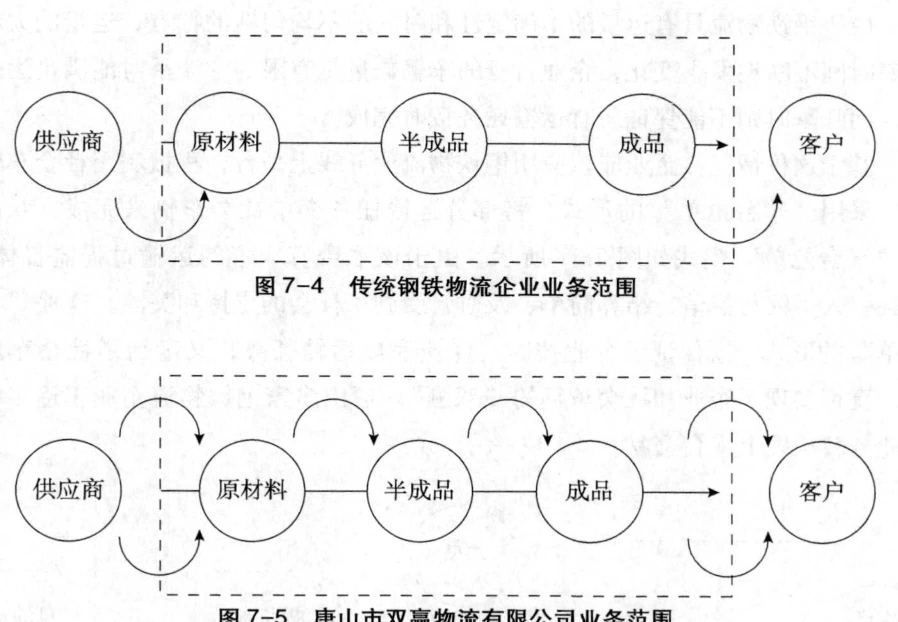

图 7-4 传统钢铁物流企业业务范围

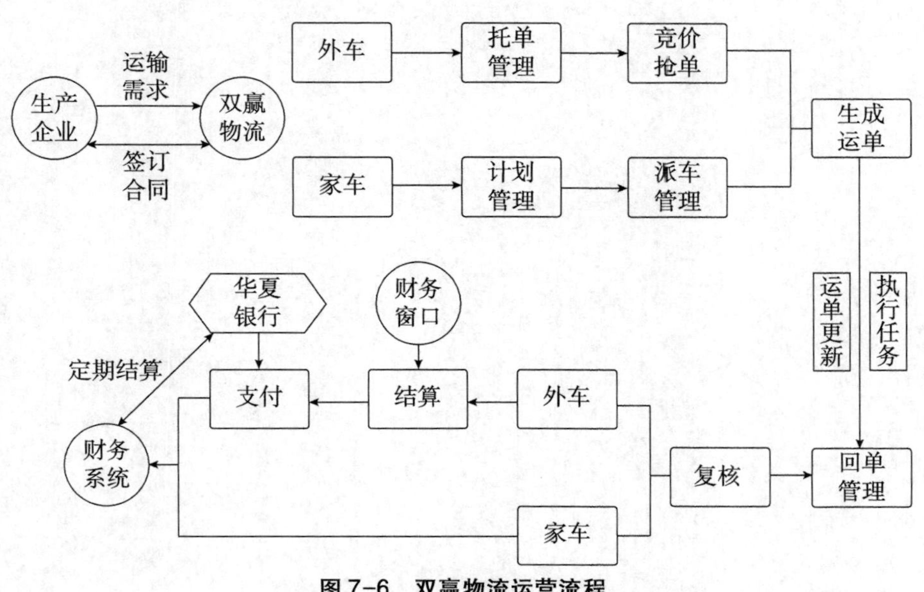

图 7-5 唐山市双赢物流有限公司业务范围

运营过程中有效整合运力资源和托运资源，运输过程管控、货物存储及中转的各个环节协调有序。实现集计划生产、物流订单、平台挂单、司机抢单、装车发货、卸车到货确认、电子回单、结算、线上支付等为一体的全流程信息化管理。双赢物流运营流程如图 7-6 所示。

图 7-6 双赢物流运营流程

由于钢铁物流具有运量的不确定性和时间的不均匀性的特点，运量的大小会随着时间不断地发生变化，企业自身的车辆数量是有限的，淡季时能满足运输需求，而旺季时则不能保证所有运输任务按时完成。

基于这种情况，企业应该应用钢铁物流业务线上平台，积极利用社会车辆资源，采用“平台抢单”的形式，将部分运输任务交给社会车辆来完成，双赢物流“平台抢单”模式如图7-7所示。由于该平台有完善的运输过程监督体系，并且引入了银行授信，结算简单、及时，受到了社会的支持和关注。这种“平台抢单”的形式，既保证了企业按时、保质完成运输任务，又盘活了社会车辆资源，真正实现了企业和社会车辆的“双赢”。唐山多家钢铁物流企业正逐步将公司业务转至线上平台交易。

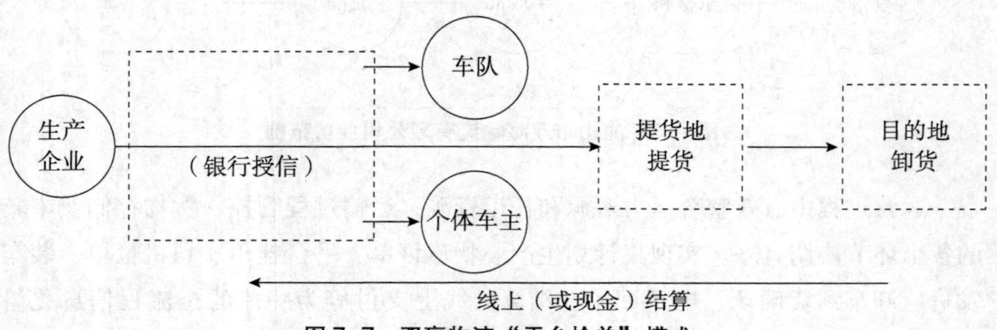

图7-7　双赢物流“平台抢单”模式

第八章　道路的魅力

公路运输是陆上运输方式之一，其特有的优势使其不仅成为一个独立的运输体系，也成为集散铁路车站、港口和机场物资的重要手段。公路运输在综合运输体系中的骨干地位越来越稳固，对经济社会发展的基础性作用也越来越突出。

道路是供行人步行和车辆行驶的设施的总称，道路按照其所处的地区不同，可以分为城市道路、厂矿道路、林区道路、乡村道路等，通常把位于城市郊区和城市以外的道路称为公路，而位于城市范围以内的道路则称为城市道路。

公路运输对物流业的运行和发展发挥着独特的作用。无论是客运还是货运，公路运输都发挥着其他运输方式无法替代的作用。我国的公路建设正发展得如火如荼，高速公路的发展也备受关注。公路的发展将大大促进我国物流业的发展。

第一节　公路的魅力

一、公路的技术等级

在公路网中，由于每种公路在国民经济中的作用不同，自然条件的复杂程度不同，车辆种类、速度以及运量不同，其技术完善程度和管理方法也就不同，从规划设计和管理的要求出发，需要对公路网中的公路进行分类。

公路按其交通量任务及性质分为高速公路、一级公路、二级公路、三级公路、四级公路 5 个等级。

（1）高速公路。四车道高速公路一般能适应按各种汽车折合成小客车的远景设计年限，年平均昼夜交通量为 25000～55000 辆；六车道高速公路一般能适应按各种汽车折合成小客车的远景设计年限，年平均昼夜交通量为 45000～80000 辆；八车道高速公路一般能适应按各种汽车折合成小客车的远景设计年限，年平均昼夜交通量为 60000～100000 辆。

（2）一级公路。一级公路一般能适应按各种汽车折合成小客车的远景设计年限，年平均昼夜交通量为15000`~30000辆。

（3）二级公路。二级公路一般能适应按各种车辆折合成中型载重汽车的远景设计年限，年平均昼夜交通量为3000~7500辆。

（4）三级公路。三级公路一般能适应按各种车辆折合成中型载重汽车的远景设计年限，年平均昼夜交通量为1000~4000辆。

（5）四级公路。四级公路一般能适应按各种车辆折合成中型载重汽车的远景设计年限，年平均昼夜交通量为双车道1500辆以下，单车道200辆以下。

二、公路的行政等级

公路按照行政等级，可划分为国道、省道、县道、乡道和专用公路。

（1）国道。国道是指具有全国性政治经济意义的主干线公路，包括重要的国际公路和国防公路，连接首都与各省会城市、自治区首府和直辖市的公路，连接各大经济中心、港站枢纽、商品生产基地和战略要地的公路。

（2）省道。省道是指具有全省性政治经济意义，连接省内中心城市和主要经济区域的公路，以及不属于国道的省际间的重要公路。

（3）县道。县道是指具有全县性政治经济意义，连接县城和县内主要乡镇、主要商品生产和集散地的公路，以及不属于国道和省道的县际间的公路。

（4）乡道。乡道是指主要为乡内经济、文化、行政服务的公路，以及不属于县道的用于乡与乡之间联络或乡与外部联络的公路。

（5）专用公路。专用公路是指专供或主要供厂矿、林区、油田、农场、旅游区、军事要地等与外部联络的公路。

三、公路主线的几何特征

公路是建筑在大地表面供各种车辆行驶的线状结构物，它由路基路面、桥梁隧道、排水系统、防护工程及其他附属设施组成。

除交叉口以外的公路路段的几何线形分为平面线形、纵断面线形和横断面线形。

1. 平面线形

公路的中心线投影在大地水平面上所形成的线形即为平面线形。公路的平面线形主要包括直线、圆曲线和缓和曲线。

（1）直线。

两点之间用直线连接距离最短，视线最好，这是直线的优点，但是直线过长不利于行车安全，驾驶员容易思想麻痹，产生单调作业疲劳，出现超速行驶，不利于交通安全，所以对直线长度要有所限制，一般规定在公路上直线行驶，最长时间为 70 秒左右。若直线的最长距离为 S，则有：

$$S<20v$$

v 是计算行车速度。

（2）圆曲线。

为了确保行车安全及乘客的舒适性，对圆曲线的最小半径也有一定的要求，根据车辆在弯道上所受横向力的平衡条件，圆曲线的最小半径计算公式为：

$$R_{\min}=\frac{v^2}{127(\mu\ \pm i)}$$

式中：v——计算行车速度；

μ——横向力系数；

i——纵坡度。

（3）缓和曲线。

在直线和圆曲线之间，或半径相差较大的两个转向相同的圆曲线之间，应插入曲率半径连续变化的曲线，即缓和曲线。

2. 纵断面线形

沿公路的中线作竖直剖面，并将此空间曲面展成平面，便得到公路的纵断面，一般用最大纵坡度来描述纵断面的坡度。

纵断面上直线的斜率为纵坡度，最大纵坡度一般用 i 来表示，其计算公式为：

$$i=\frac{h}{d}$$

式中：h——两点间高度差；

d——两点间水平距离。

3. 横断面线形

公路的横断面由行车道、路肩、中央分隔线、边沟等组成。对于高速公路和一级公路还设有变速车道、爬坡车道、紧急停车带等；二级公路和三级公路一般只有双车道，不能分道单向行驶，中间不设分隔带；四级公路为单车道，当路面宽度只有 4.5 米时，需要设置错车道。公路的横断面结构如图 8-1 所示。

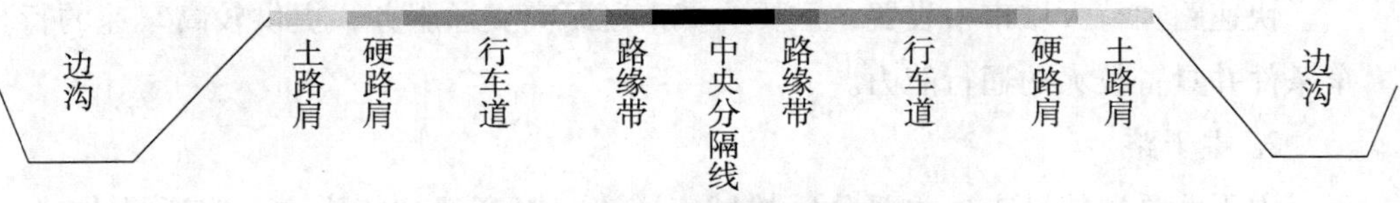

图 8-1　公路的横断面结构

在直线路段，为了横向排水，将路面铺筑成中间高、两侧低的形状，形成向两侧倾斜的路拱，沥青混凝土路面的路拱平均横坡度宜为1%~2%。当车辆行驶在弯道路段时，如果路面仍然向两侧倾斜，弯道外侧的路面向外倾斜，则重力的横向分力的方向与离心力方向一致，加大了侧翻与侧滑的危险性。为了利用重力的横向分力抵消离心力的作用，弯道上的路面应整体向内倾斜，这就是弯道外侧超高，如图8-2所示。

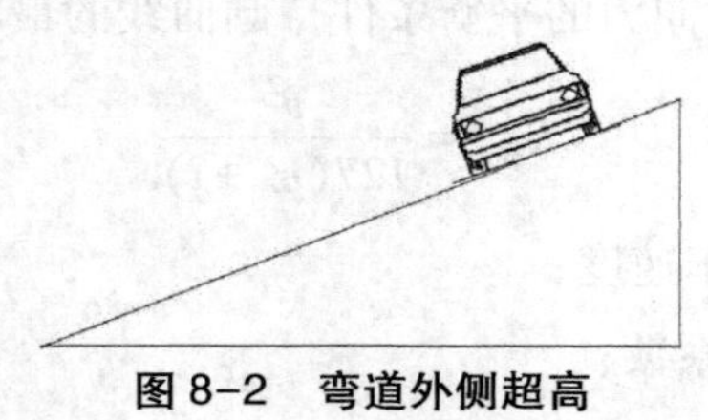

图8-2 弯道外侧超高

第二节 城市道路的魅力

一、城市道路的分类

城市道路有各种类型，对生产、生活服务所起的作用也各有特点，因此一般根据道路在城市中的地位、功能以及交通特征进行分类。

对于公路来说，由于交通性质、交通工具比较单一，多以公路在国民经济中的重要性、交通量和行车速度要求来分类。而城市道路由于城市结构组成与交通运输方式的错综复杂，难以用单一的指标分类，因此城市道路的分类要综合考虑各基本因素，还应结合城市规模及现状来加以合理划分。

根据在城市道路网中的地位、交通功能以及交通特征，将城市道路分为以下四类。

1. 快速路

快速路是为城市中大量长距离快速交通服务的，行车道之间应设中央分隔带，其进出口采用全部控制或部分控制，快速路两侧不应设置吸引车流、人流的公共建筑物的进出口，两侧一般建筑物的进出口也应加以控制。

快速路在特大城市中设置，主要为城市远距离交通服务，提供较高车速的行车条件并具备较大的通行能力。

2. 主干路

主干路是连接城市各主要分区的城市道路，以交通功能为主。交通量大时，用机动车与非机动车分隔形式，如三幅路或者四幅路，主干路两侧不应设置吸引大量车流、人流的公共建筑物的进出口。

主干路连接城市的主要工业区、居住区、港口、车站等，承担城市的主要客货运交通，是城市内部的交通大动脉。主干路一般设六条机动车道或四条机动车道以及有分隔带的非机动车道，一般不设立体交叉，而是采用拓宽交叉口引道的办法来提高通行能力，个别流量特别大的主干路交叉口也可设置立体交叉。

3. 次干路

次干路是城市中数量较多的一般交通性道路，配合主干路组成城市干道网，起到连接城市各部分和集散交通的作用。一般不设立体交叉，部分交叉口可以扩大并加以渠化，一般可设四条机动车道，可不设单独的非机动车道。次干路兼具服务功能，允许两侧建设吸引人流的公共建筑物，但应设停车场。

4. 支路

支路是次干路与街坊路的连接线，用来解决局部地区交通，以服务功能为主，是一个地区内的道路，也是地区通向干道的道路。

部分支路用于补充城市干道网的不足，可以设置为公交专用道，也可以作为自行车专用道，支路一般只允许本地区的交通流通行。此外，根据城市的不同情况，还可规划自行车专用道、有轨电车专用道、商业步行街、货运道路等专用道路。

二、城市道路的特点与功能

（一）城市道路的特点

城市道路在城市生活中具有独特的作用。市中心、工业区、居住区、机场、港口、码头、车站、仓库、体育场等，都必须通过城市道路来连接。人们在城市的主要活动（工作、学习、生活、旅游）也都离不开城市道路。

没有良好的城市道路和完善的城市道路网，将在很大程度上影响城市的建设和发展，所以在进行城市总体规划时，必须妥善考虑城市道路网的规划布局和建设问题。城市用地紧凑，居民集中，建筑鳞次栉比，要求既要有合理的空间组合，又要有一定的空间距离，以保证城市环境良好和防火安全。此外，城市道路应该广泛与城市绿化结合起来，成为城市各个分区的区界和卫生与防护空间，还可利用这个空间为城市排水并布置地上地下管线的通道。

城市的各个功能组成部分，通过城市道路的连接构成统一的有机体，并配合城市道路表现城市建筑不同方位的立面以及建筑群组合的艺术。人在道路上的视点是移动的，随着道路的转向而转移注视点的方位，合理的城市道路规划可以使人获得丰富而生动的环境景象。因此，城市道路在承担最基本的交通运输任务以外，还成为反映城市面貌与建筑风格的途径之一。

与公路相比较，城市道路具有如下特点：①功能多样，组成复杂；②行人交通量大，车辆多、类型杂，车速差异大；③交叉口多，沿路建筑密集；④道路交通量分布不均匀。

（二）城市道路的功能

城市道路干道走向一旦确定，路网一经形成，所有地上、地下管线都将沿着道路用地铺设，沿街建筑均将沿此建设，事后很难改变。因此，城市道路系统规划是城市建设的百年大计，必须结合城市的性质、规模、用地功能、工程地质及水文条件等进行综合分析，使不同功能的干道支路组成一个系统完整、功能明确、线形平顺、通畅布局、经济合理的城市道路网。

在城市里，沿街两侧建筑红线之间的空间范围为城市道路用地，该用地由以下部分组成：①供各种车辆行驶的行车道；②供行人步行的人行道；③起卫生防护与美化作用的绿带；④用于排除地面水的排水系统；⑤为组织交通、保证交通安全而设立的辅助性交通设备，如信号灯等；⑥交叉口和交通广场；⑦停车场和公共汽车停靠站。

第三节　道路交叉的魅力

道路与道路相交的部分称为交叉口，根据相交道路的主线标高是否相等，可以把交叉口分为平面交叉和立体交叉两大类。

一、平面交叉

（一）平面交叉的形式

进入交叉口的车辆由于行驶方向不同，相互交错的点位有三种，分别为分流点、交会点和冲突点。分流点指来自同一方向的车辆，向不同方向行驶的分叉点；交会点指来自不同方向的车辆，向同一方向行驶时的汇合点；冲突点指来自不同方向的车辆，向不同方向行驶时的交叉点。

这三种交错点中冲突点最为危险，冲突点包括直行与直行的冲突点、直行与转向的冲突点、转向与转向的冲突点，冲突点的数目随交叉口道路条数的增加而增加。平面交叉冲突点示意如图 8-3 所示。冲突点是交叉口中容易造成拥堵，且易出现交通事故的主要地点，在交叉口控制和管理中要尽量减少或消除冲突点。

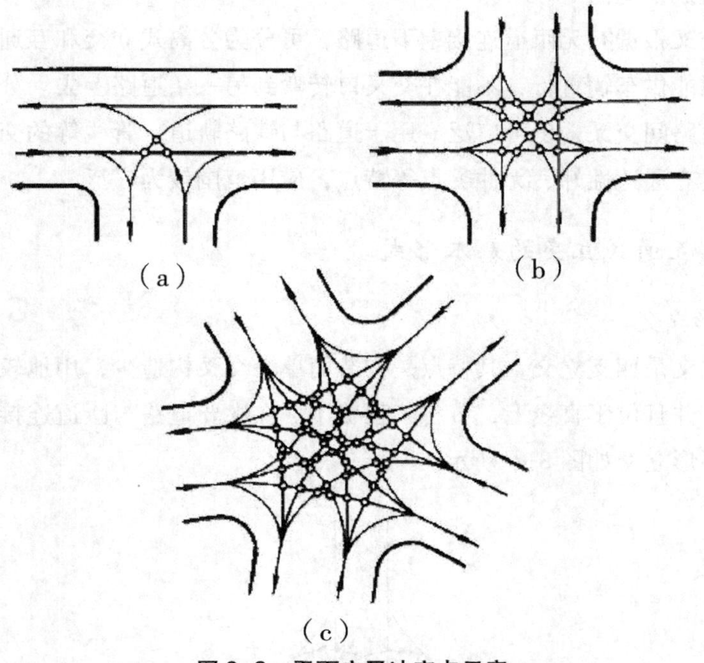

图 8-3 平面交叉冲突点示意

(二) 减少冲突点的措施

为了减少以致消除冲突点，可以采取以下三方面措施。

(1) 在交叉口实行信号灯控制。利用信号灯控制来自不同方向的转向车和直行车，使它们在时间上错开通行，这样就能大大减少冲突点的个数。在有条件的地方，应把转向信号与直行信号分开，以便消除冲突点。

(2) 对交叉口实行渠化交通。在交叉口布置交通岛分隔线或分道线，使车辆按规定的车道行驶，尽可能将冲突点转变为交会点。在四路以上的交叉口中央设置交通岛，使进入交叉口的车辆不受信号灯控制，而一律绕交通岛单向行进，把所有的冲突点转变成交会点。

(3) 改用立体交叉。即将不同方向道路的主线标高错开，上下各行其道，互不干扰，这就从根本上消灭了冲突点。

二、立体交叉

(一) 立体交叉的形式

当相交道路的主线标高不同时称为立体交叉。立体交叉在空间上错开了交叉口的冲突点，可以使车辆畅通无阻，大大提高了交叉口的通行能力，这就是高速公路沿线全部采用立体交叉的主要原因。不过立体交叉与平面交叉相比，占地面积大，建筑成本高。

立体交叉根据有无匝道连接上下道路，可分为分离式立交和互通式立交。分离式立交只能供车辆直行，不能在交叉口转弯到另一条道路上去。分离式立交既可以用于道路间交叉，也可广泛应用于道路与铁路轨道、管线等的交叉。由于互通式立交具有通达性好、无冲突点等特点，应用范围较为广泛。

（二）互通式立交的基本形式

1. 菱形立交

菱形立交是四支立交，其特点是构造简单，交叉构造少，用地较省；只有一座跨路桥，并且位于直线上，节省工程费用。在次要道路与匝道连接处，能用平面交叉。菱形立交如图 8-4 所示。

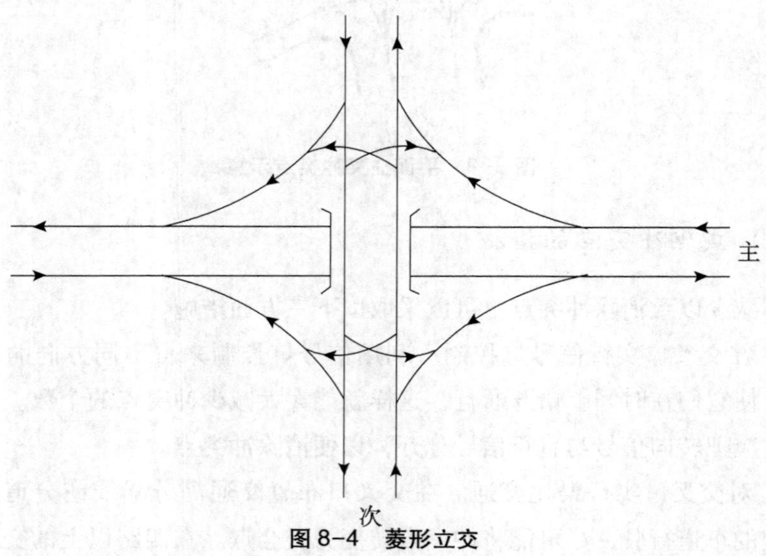

图 8-4　菱形立交

2. 苜蓿叶形立交

苜蓿叶形立交是四支立交，其特点是用环道来实现车辆转向；车流均在单独匝道上行驶，各方向车流互不干扰；行车连续，外形对称美观。但转向采用小环道，平面曲线半径小，转向车绕行线路长。靠近小环道处车辆交织，容易形成窄路，且占地多，易受地形限制。苜蓿叶形立交可演变成其他多种立交的形式。苜蓿叶形立交如图 8-5 所示。

3. 部分苜蓿叶形立交

部分苜蓿叶形立交是四支立交，其特点是确保主要道路迅速畅通，在次要道路上可采用平面交叉或限制部分转弯车辆通行的方式。部分苜蓿叶形立交适用于主要干线道路与次要干线道路交叉，有时因地形或其他限制为减少匝道也常采用。部分苜蓿叶形立交如图 8-6 所示。

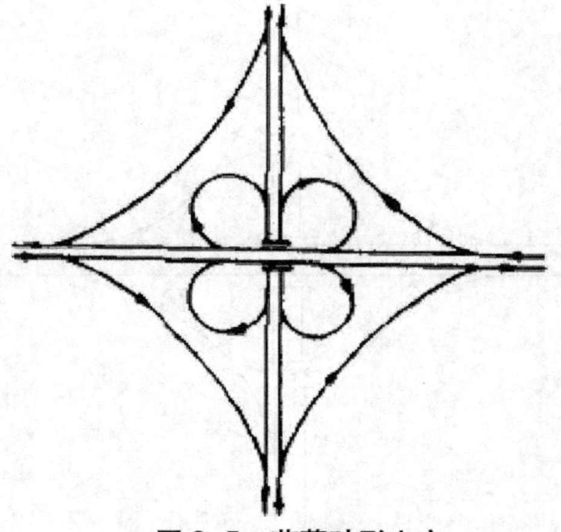

图 8-5 苜蓿叶形立交

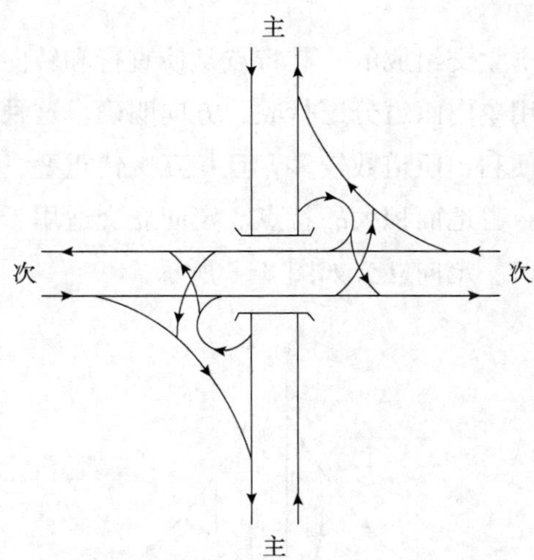

图 8-6 部分苜蓿叶形立交

4. 环形立交

环形立交可把直行和转向车流所产生的冲突点通过立交方式和交通组织的处理加以消除或改变，环形立交是由环形平面交叉发展而来的，为了提高环形立交的通行能力，确保主干道直行交通畅通，可将主干道上跨或下穿，进而直行车辆直接通过路口，其他转弯车辆均驶入环道，按逆时针方向绕环形中心做单向行驶，车辆在环道内互相交织，选择所去的路口方向驶出环道。环形立交的中间还可设计成圆形，其形式一般为两桥式或五桥式。环形立交如图 8-7 所示。

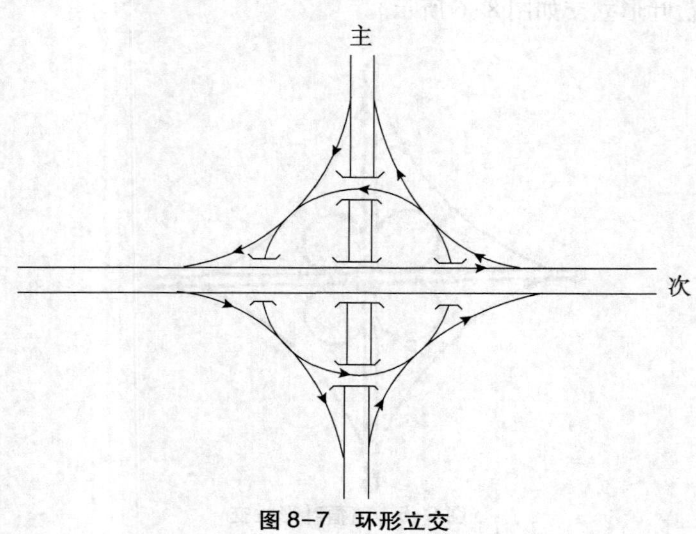

图 8-7　环形立交

5. 定向立交

定向立交是由多支立交组成的，其特点是使直行和转向的车辆均沿着比较顺畅方向的行车道和专用单向匝道分道行驶，方向明确。这种形式的立交行车线路短，通行量大，行车便利，匝道数较多，且相互交错重叠，应采用多层立交，具有结构物多、造价高、占地面积大的特点。定向立交适用于高等级道路相交且转向车流特别大的交叉口。定向立交如图 8-8 所示。

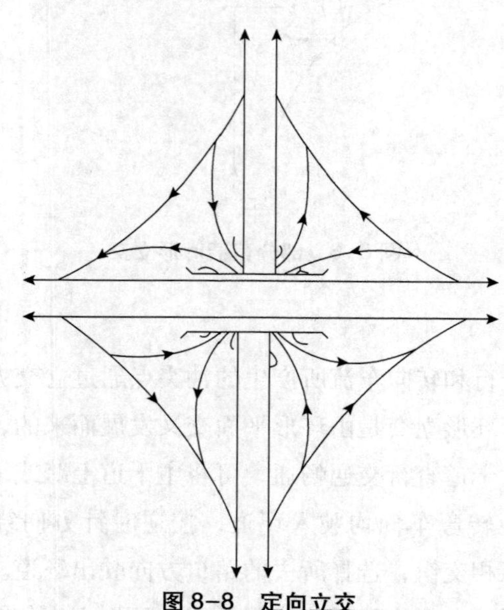

图 8-8　定向立交

第四节　道路的魅力

纵观我国道路体系，已经形成了一个干支衔接、四通八达的公路网。它不仅是支撑人流、车流、物流移动不可缺少的基础设施网，还是伟大祖国版图上的“动脉血管”，这为经济社会发展提供了关键支撑，改善了出行条件，提高了人民生活水平。

一、我国道路事业发展取得了辉煌的成就

改革开放初期，我国很多地方公路运输不畅，严重影响了物资运输。一些干线公路虽然铺上了渣油路面，但因标准低，平均行车时速约为30km/h。“晴天一身灰，雨天一身泥”是那时出行的真实写照。

1978 年底，我国公路总里程不足 90 万公里，高等级路、沥青路和大江大河上的桥都很少，公路标准低、质量差。当时，世界上已有约 50 个国家有高速公路，而我国的高速公路建设还没有起步。

改革开放以后，我国交通运输实现了全面快速发展，以道路运输、铁路运输、航空运输、水路运输为主的综合运输体系初步形成，交通运输量大幅增长，交通设施和装备水平显著提高，现代化管理和信息化应用水平明显提高。

经过多年的建设，我国目前的交通运输发展取得了举世瞩目的成就，交通运输基础设施对经济社会发展的支持，实现了从“瓶颈制约”到“基本适应”的历史性剧变，为建设交通强国奠定了坚实基础。2018 年年末，我国铁路营业里程达到 13.1 万公里，比 1949 年年末增长 5 倍，其中高速铁路达到 2.9 万公里，占世界高铁总量 60%以上；公路里程 485 万公里；定期航班航线里程 838 万公里，比 1950 年年末增长 734 倍。这创造了从无到有再到世界领先的壮举。

（一）改革开放初期

20 世纪 80 年代以后，我国经济实现全面发展，公路基础设施成为国民经济建设中最薄弱的环节，出现了“全面紧张”的局面。为了加快发展，我国全面启动了交通运输管理体制改革，改革的主线是引入市场机制、政企分开、简政放权、转变职能、加强宏观管理。在“各部门、各行业、各地区一起干，国营、集体、个人以及各种运输工具一起上”的改革方针指引下，坚持以公有制为主体，积极发展多种所有制的运输力量，调动各方面的积极性，发展交通运输事业。

修建高速公路的前期准备包括高速公路技术资料翻译、科学考察、可行性研

究以及测设等。1988 年，我国第一条高速公路——沪嘉高速公路建成，从此拉开了我国高速公路建设发展的帷幕。1984 年，沈大高速公路正式开工，沈大高速公路全长 375 公里，路基宽 26 米，分上下行 4 车道，中间有 3 米分隔带，全线封闭，为汽车专用公路。这是我国当时大规模、高标准的高速公路建设项目，全部由我国自行设计、自行施工，开创了我国建设长距离高速公路的先河，为日后大规模建设高速公路积累了经验，促进了我国高速公路的快速发展。

1987 年，京津塘高速公路正式开工，全长 142.69 公里。京津塘高速公路是我国首条采用国际通行的菲迪克条款进行国际招标建设的高速公路，这是我国第一个部分利用世界银行贷款的跨省市高速公路建设项目。

（二）初步建立社会主义市场经济体制时期

20 世纪 90 年代以后，中央将交通运输事业，尤其是公路的发展作为国民经济发展的全局性、战略性和紧迫性任务，公路建设得以迅速发展，高速公路建设掀起高潮。全国高速公路建设规模扩大，建设速度加快，京津塘、京石、太旧、昌九等一大批高速公路建成通车。按照建立社会主义市场经济体制目标的要求，原交通部进一步深化交通运输管理体制改革，积极培育交通运输市场，抓住机遇，加快交通基础设施建设。1997 年 7 月 3 日，《中华人民共和国公路法》颁布。1997 年，党的十五大根据中国经济社会发展的变化提出了“新三步走战略”，明确了公路交通发展实现现代化的阶段目标，为以后制定和实施公路交通发展战略奠定了基础。原中国路桥（集团）总公司以转换经营机制为重点，加大政企分开的力度，进一步扩大了公路交通企业的经营自主权。

（三）跨入新世纪

21 世纪以来，公路交通发展进入重要战略机遇期。2004 年 12 月 17 日，国务院常务会议原则审议通过《国家高速公路网规划》。2005 年 1 月 13 日，国务院新闻办召开新闻发布会，向全世界正式公布了我国的《国家高速公路网规划》。这是中国历史上第一个“终极”的高速公路骨架布局，同时也是中国公路网中最高层次的公路通道。《国家高速公路网规划》采用放射线与纵横网格相结合的布局方案，形成由中心城市向外放射以及横贯东西、纵贯南北的大通道，由 7 条首都放射线、9 条南北纵向线和 18 条东西横向线组成，简称“7918 网”，总规模约 8.5 万公里。该规划总体上贯彻了“东部加密、中部成网、西部连通”的布局思路，在全国范围内形成了“首都连接省会、省会彼此相通、连接主要地市、覆盖重要县市”的高速公路网络。

《农村公路建设规划》于 2005 年经国务院审议通过。这一规划是增加农民收入、启动国内需求和保持国民经济持续快速健康发展的有效措施，是全面建设小康社会、实现交通现代化目标的客观需要。

2007 年，我国“五纵七横”国道主干线基本贯通。“五纵七横”国道主干线的规划始于 20 世纪 80 年代。“五纵”国道主干线包括：同江至三亚；北京至福州；北京至珠海；二连浩特至河口；重庆至湛江。“七横”国道主干线包括：绥芬河至满洲里；丹东至拉萨；青岛至银川；连云港至霍尔果斯；上海至成都；上海至瑞丽；衡阳至昆明。“五纵七横”国道主干线总里程约 3.5 万公里，覆盖了当时全国所有人口在 100 万以上的特大城市和 93%的人口在 50 万以上的大城市。这是具有全国性政治、经济、国防意义的重要干线公路。

此外，这一时期，我国还加快发展国际道路运输，与一批周边国家签订了道路运输协定，双边和多边道路客货运输量大幅增长。国际道路运输作为连接周边国家的桥梁和纽带，在繁荣地区经济、增进我国与周边国家友好关系、促进经贸和旅游发展中发挥着越来越重要的作用。

2013 年，《国家公路网规划（2013 年—2030 年）》印发，将普通公路与高速公路进行综合性布局规划，逐步形成布局合理、层次分明、功能完善、覆盖广泛、安全可靠的国家干线公路网络，实现“首都辐射省会、省级多路联通、地市高速通达、县县国道覆盖”。这是公路交通基础设施的中长期布局规划，充分体现了新时期国家发展综合交通运输的战略方针，是指导国家公路长远发展的纲领性文件。2017 年年末，全国公路总里程 477.35 万公里，高速公路里程 13.65 万公里，国道里程 35.84 万公里，省道里程 33.38 万公里，农村公路里程 400.93 万公里（其中县道里程 55.07 万公里、乡道里程 115.77 万公里、村道里程 230.08 万公里），桥梁 83.25 万座，隧道 16229 处。我国公路发展取得举世瞩目的成就，位居世界前列。

2017 年 2 月 3 日，国务院印发了《“十三五”现代综合交通运输体系发展规划》。在建设多向连通的综合运输通道方面，构建横贯东西、纵贯南北、内畅外通的“十纵十横”综合运输大通道，加快实施重点通道连通工程和延伸工程，强化中西部和东北地区通道建设。贯通上海至瑞丽等运输通道，向东向西延伸西北北部等运输通道，将沿江运输通道由成都西延至日喀则。推进北京至昆明、北京至港澳台、烟台至重庆、二连浩特至湛江、额济纳至广州等纵向新通道建设，沟通华北、西北至西南、华南等地区；推进福州至银川、厦门至喀什、汕头至昆明、绥芬河至满洲里等横向新通道建设，沟通西北、西南至华东地区，强化进出疆、出入藏通道建设。做好国内综合运输通道对外衔接。规划建设环绕我国陆域的沿边通道。

多年来，我国公路设施建设实现了跨越式发展。在习近平新时代中国特色社会主义思想指引下，全国交通运输行业砥砺奋进，加快建设交通强国，建成了世界最大的高速铁路网、高速公路网，机场、港口等交通基础设施建设取得重大成就。这为人民便捷出行、物流高效流通铺就了坦途，为经济社会发展夯实了基础。

二、完善的道路网对经济发展的作用

俗话说："要想富，先修路。"我国经济发展最为迅速的地区便是交通发达的地区，如长三角、珠三角以及京津冀等。可以说，公路的发展带动了全国经济的贯通发展，完善的道路网就像一个巨大的输送网络，将物质、文化以及信息在各个地区间迅速传递。这对我国物流业的发展有着深远的影响，对我国社会整体经济效益的提高做出了卓越的贡献。

首先，公路的发展推动了地区农业经济发展，极大地促进了农产品的流通。我国农产品种类很多，不同的农产品分布在全国的不同区域，这就使农产品在各地区间分布有较大差异。由于农产品具有易腐的特点，过去，在道路网欠发达的时期，各种农产品只能在本省甚至本市区域内小范围进行流通，远距离输送是不现实的。随着我国道路网不断完善和发展，目前，全国各地的水果都能在全国范围内快速流通，如山竹、榴莲、荔枝等水果成了市场常规供应的品种，宁夏的菜心、东北的五常大米等特色北方农产品也出现在了南方人民日常的餐桌上。事实证明，保障全国农产品物流体系的畅通，实现农业成果的全民覆盖，公路的发展必不可少。公路的建设和发展极大地促进了农产品的流通，为我国农业经济做出了极大的贡献。

其次，公路的发展极大地促进了地区工业经济的发展。我国高度重视工业体系的建设，经过70多年的发展，我国已经拥有41个工业大类、207个工业中类、666个工业小类，形成了独立完整的现代工业体系，是全世界唯一拥有联合国产业分类当中全部工业门类的国家。完备的工业门类意味着海量原材料和制成品的物流运输需求，也意味着需要发达的公路系统来支撑。地区工业经济的效率直接影响地区工业经济的发展。道路网特别是高速公路网的发展，对于工业原材料、半成品以及制成品而言，不仅降低了运输成本，提升了运输效率，还极大地提高了其市场竞争力。只有便利的交通才能使工业产品由产地高效地配送到全国各地，才能真正做到经济资源的合理配置，从而实现工业产品供给与需求的跨区域匹配。公路建设对地区工业经济的直接带动作用主要体现为带动相关产业的发展、加快地区产业的布局调整、改善地区投资环境、协调沿线地区工业经济的发展。

最后，公路的发展极大地促进了商贸流通业及其相关产业的发展，从而加速了地区流通经济的发展。商贸流通业主要由批发和零售贸易、物流仓储等产业组成。在商品流通过程中，商品从生产系统转移到消费系统时，商品需要完成空间上的移动，而公路则是商品完成空间移动的基础。商贸流通业及其相关产业的转型升级、提质增效，离不开现代综合交通运输体系的构建，依托于商流、物流、资金流、信息流的组织与协调。商贸流通业的繁荣必然要求道路网的发展，而道路网的完善又会提升商贸流通业的效率。因此，交通基础设施是影响地区流通经济发展的重要因素，现代商贸流通业必然要求较发达的交通基础设施与之匹配。

根据《国家公路网规划（2013 年—2030 年）》，规划国家公路网总规模为 40.1 万公里。《国家公路网规划（2013 年—2030 年）》首次提出国家公路网由提供普遍服务的普通国道网和提供高效服务的国家高速公路网“两张网”组成，兼顾了公平与效率，充分体现了国家重视基本公共服务、科学引导高速公路有序发展的战略意图，为建设“公路两个体系”奠定了基础。

在《国家公路网规划（2013 年—2030 年）》的指引下，我国公路进入了发展的黄金期，里程规模跃居世界前列，以国家高速公路为主体的高速公路总里程稳居世界第一，网络已经覆盖了 98.8%的城区人口在 20 万以上的城市及地级行政中心，连接了全国约 88%的县级行政区和约 95%的人口；普通国道基本覆盖县级及以上行政区和常年开通的边境口岸，有效连接了重要乡镇、产业园区、交通枢纽以及旅游景区等。

参考文献

［1］吴祚宝，吴澄．基于产品数据管理的产品和开发过程集成方法［J］．清华大学学报（自然科学版），2000，40（4）：88-91，95.

［2］何黎明．我国物流业2020年发展回顾与2021年展望［J］．中国流通经济，2021，35（3）：3-8.

［3］何黎明．构建现代物流体系 建设“物流强国”：我国物流业发展2020年回顾与2021年展望［J］．物流技术与应用，2021，26（2）：50-55.

［4］龚顺清．我国物流人才素质和结构分析［J］．重庆工商大学学报（社会科学版），2004，21（4）：49-51.

［5］谢美娥，王皓．浅析物流管理人才的综合素质［J］．物流工程与管理，2013，35（1）：181，185-186.

［6］宋宁．浅谈我国物流配送的市场发展趋势及意义［J］．时代教育，2017（8）：68.

［7］李曼，李征坤，刘东阳．农村电商论［M］．北京：经济管理出版社，2018.

［8］严敏，曹玲玲．特色乡镇视域下农村电商、产业集群、区域品牌协同发展路径研究［J］．现代商业，2021（21）：15-17.

［9］裴璐璐，王会战．“新零售”背景下农村电商模式优化路径［J］．商业经济研究，2021（17）：89-92.

［10］于森苗，王青青，葛子健．商品包装的未来发展趋势分析［J］．物流工程与管理，2019，41（5）：145-146，167.

［11］刘芳卫，黄亚楠，把宁．绿色包装典型案例分析［J］．绿色包装，2019（1）：55-58.

［12］蔡惠平．包装概论［M］．北京：中国轻工业出版社，2008.

［13］邱志茹．回归淳朴的简约包装设计［J］．中国包装，2014（2）：31-33.

［14］徐敏思．中国传统文字元素在包装设计中的运用［J］．绿色包装，

2021（2）：55-57.

［15］周怡，洪杨，方舟．传统文化元素在现代包装设计中的应用探讨［J］．轻纺工业与技术，2021，50（6）：31-32.

［16］刘嵘．华为可持续供应链发展历程及启示［J］．财会月刊，2019（17）：143-149.

［17］王成斌．高速公路发展对地区物流经济的作用探究［J］．中国经贸，2016（2）：138-139.

［18］陈军军．条码技术在物流管理中的应用［J］．现代营销，2020（5）：114-115.